Des mêmes auteurs aux éditions du Rocher

Benoît Christal, *L'Homme qui riait sous les bombes*, 2021.

Gallagher Fenwick, *Volodymyr Zelensky, L'Ukraine dans le sang*, 2022 (édition de poche Litos, 2024).

Benoît Christal
Gallagher Fenwick

7 octobre 2023
Israël Gaza

L'affrontement des tragédies

éditions du
ROCHER

Éditions du Rocher
28, rue Comte Félix-Gastaldi – BP 521 – 98015 Monaco

www.editionsdurocher.fr

ISBN : 978-2-268-11032-5
EAN Epub : 9782268110387

« La violence, il faut la dénoncer, il faut la vomir,
il faut l'isoler. Ce n'est pas la voie des démocraties ».
Yitzhak Rabin, dernier discours lors du grand meeting
pour la paix à Tel Aviv, 4 novembre 1995.

*En mémoire de Céline Ben-David Nagar, assassinée à l'âge
de 32 ans sur une route au sud d'Israël le 7 octobre 2023.
Que sa fille Ellie grandisse dans la paix et la confiance.*

« Assez ! Maspik ! En arabe, c'est kafi !
Nous ne sommes plus disposés à perdre du temps.
Nous devons parvenir à un accord politique.
Nous devons, dès à présent, changer le paradigme
qu'on nous a imposé pendant sept décennies.
On nous dit que seule la guerre apporte la paix.
Nous n'y croyons plus ! Il a été prouvé que ce n'était pas vrai. »
Vivian Silver, militante israélienne pour la paix

« […] il m'a dit qu'il avait été soldat d'élite et qu'il avait tué
des quantités de Palestiniens et qu'à l'époque il était
"à l'aise avec ça" ; "C'était comme descendre un paquet
d'ordures, ce n'est pas agréable mais ça le fait."
Et il a poursuivi : "Un jour dans mon unité,
l'un d'entre nous a protégé la vie d'un terroriste contre tous
ceux qui voulaient le lyncher. C'est lui le héros.
Tuer c'est facile, c'est à la portée de n'importe quel imbécile.
Voir l'Homme dans ton ennemi, c'est ce qui fait de toi
un Mensch, un être humain. Ce jour-là, j'ai grandi
en regardant ce que les héros savent faire." »
Marie Armelle Beaulieu,
Rédactrice en chef de *Terre sainte magazine*, 10 octobre 2023

En mémoire de Bilal Jadallah,
le « parrain du journalisme palestinien à Gaza ».

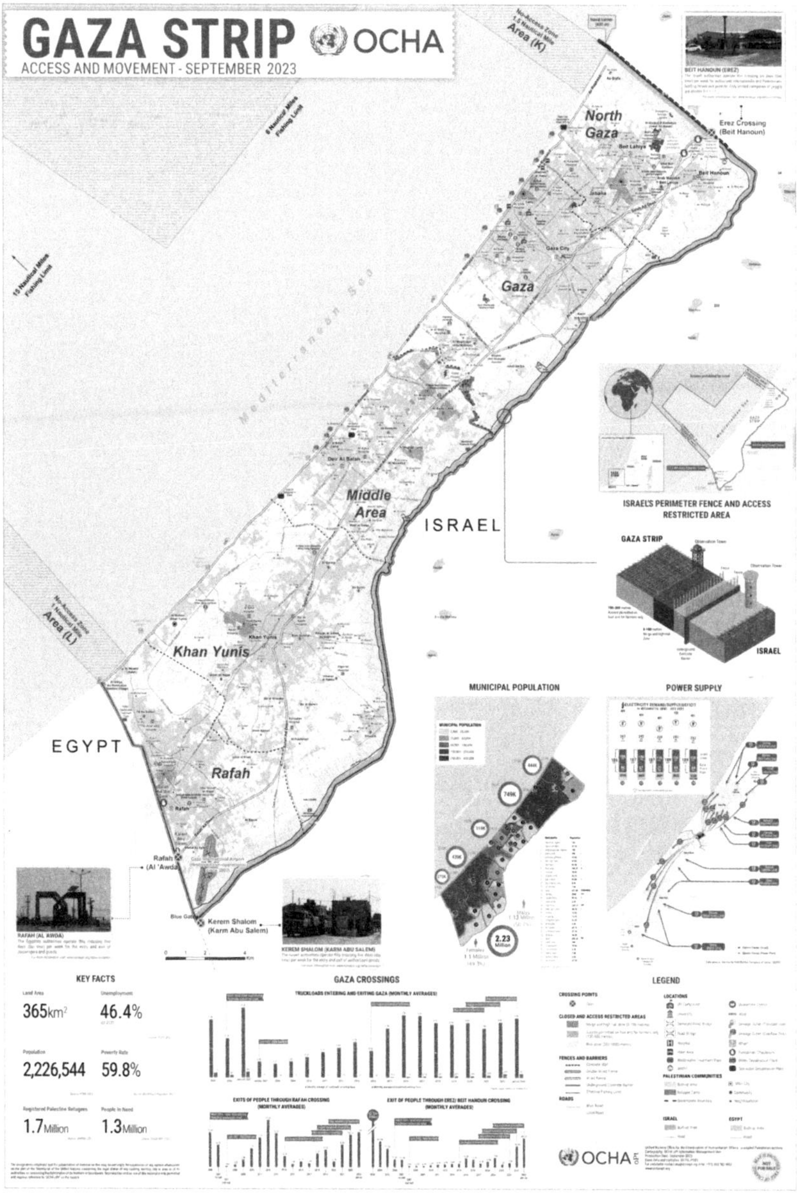
GAZA STRIP
OCHA
ACCESS AND MOVEMENT - SEPTEMBER 2023
North Gaza
Erez Crossing (Beit Hanoun)
Gaza
Mediterranean Sea
Middle Area
ISRAEL
Khan Yunis
EGYPT
Rafah
Rafah (Al 'Awda)
Kerem Shalom (Karm Abu Salem)
ISRAEL'S PERIMETER FENCE AND ACCESS RESTRICTED AREA
GAZA STRIP
ISRAEL
MUNICIPAL POPULATION
POWER SUPPLY
KEY FACTS
Land Area
365km²
Unemployment
46.4%
Population
2,226,544
Poverty Rate
59.8%
Registered Palestine Refugees
1.7Million
People in Need
1.3Million
GAZA CROSSINGS
LEGEND

LEBANON
UNDOF Zone
SYRIA
Qiryat Shemona
Nahariyya
Akko
Haifa
Golan Heights
Sea of Galilee
Tiberias
Nazareth
Jordan
Hadera
Jenin
Netanya
Tulkarm
Nablus
Herzliyya
West Bank
Tel Aviv-Yafo
1994 Treaty Line
Bat Yam
Ramla
Ramallah
AMMAN
Rehovot
Jericho
Ashdod
JERUSALEM
Ashqelon
Bethlehem
Dead Sea
Qiryat Gat
Gaza
Gaza Strip
Hebron
1950 Armistice Line
Khan Yunis
Beersheba
1949 Armistice Line
ISRAEL
Dimona
Zefa
Zin
Negev
JORDAN
Mizpe Ramon
EGYPT
Sinai
Yotvata
Elat
Gulf of Aqaba
0
40 km
0
40 mi

Introduction

Le 7 octobre, tout a changé et rien n'a changé. Les mêmes acteurs d'un drame aussi cruel que bien connu. Les paramètres du conflit israélo-palestinien n'ont pas été modifiés. Pourtant, le sang a tellement coulé ce jour-là et durant les semaines qui suivirent que rien ne pourra plus être pareil. C'est toute une région et tous ceux qui y vivent qui s'en retrouvent déboussolés. Et nous avec. Écrire sur les événements au Proche-Orient dans un tel contexte et dans l'urgence est un défi. Nous sommes certes deux anciens correspondants à Jérusalem, mais nous avançons dans l'obscurité des traumatismes et d'une actualité mouvante. Nous croisons des inconnus, et parfois des personnes jadis familières, mais qui ne ressemblent plus à celles que nous fréquentions quand il faisait jour. Le temps était maussade, certes, mais il n'empêchait pas de se repérer.

L'exercice consiste d'abord à essayer de se « dé-sidérer ». Recueillir, puis écrire pour moins subir. Essayer de nommer les crimes et les douleurs. Écrire aussi pour éviter que ces moments terribles ne sombrent dans l'oubli, chassés par d'autres actualités, qu'ils ne soient déformés, ou effacés par ceux qui nieront. Il ne s'agit pas ici de relater le 7 octobre et ses suites à la manière d'un article de presse ou d'une thèse savante. Nous cherchons une approche à mi-chemin. Nous avons voulu éviter les courtes citations et permettre aux gens qui ont eu la gentillesse de nous répondre de pouvoir déployer leurs émotions, leurs idées, leurs pensées et leurs analyses à leur gré. Les conséquences sont trop graves pour se contenter de bribes et d'extraits d'entretiens.

Au fil de nos conversations, d'abord sur place, en Israël, en Palestine (hormis Gaza qui n'était pas accessible) et à Jérusalem, nous avons commencé à prendre la mesure de l'océan de douleur que l'attaque terroriste du 7 octobre et les représailles israéliennes ont déversé sur un territoire et tous ceux qui le peuplent. Nous avons voulu prolonger ces échanges pour donner davantage de place aux narrations de nos interlocuteurs et interlocutrices. Des civils survivants, des otages de la violence, des soldats, mais aussi des journalistes, des politiques et des penseurs. Des Israéliens et des Palestiniens. Retranscrire et durablement inscrire les mots que des témoins et des acteurs de la crise nous ont adressés n'est pas une manière de les figer, mais, au contraire, de les faire vivre. Parfois des paroles se font écho et surmontent ainsi les divisions. La plupart du temps, ce sont deux peuples qui s'affrontent autant qu'ils s'ignorent, séparés par un immense fossé. Deux blessures historiques qui sont encore vives et qui se retrouvent face à face, en Terre sainte. La Shoah et la Nakba. La première est la tentative, par le nazisme et ses complices, d'anéantissement de toute vie juive sur le continent européen pendant la Deuxième Guerre mondiale. La deuxième, au travers d'un terme qui signifie « la catastrophe » en arabe, renvoie à l'éviction et à la spoliation de centaines de milliers de Palestiniens par l'armée israélienne suite à la proclamation de l'État hébreu en 1948 et durant le conflit israélo-arabe qui s'ensuit. Regarder ces histoires dans les yeux, c'est prendre acte des massacres qui les ponctuent, des injustices qui les caractérisent. Se souvenir qu'Israël est une promesse de sécurité, sous la forme d'un « foyer national », faite à des Juifs qui ont connu des siècles de pogroms avant de réchapper aux camps de la mort. Se rappeler que la communauté internationale en a fait payer le prix aux Palestiniens, qui continuent de l'endurer alors qu'ils ont, eux aussi, droit à la sécurité et à l'autodétermination. Il n'est pas question de disputer le caractère unique de chacune de ces deux histoires, arabe et juive. Il faut également éviter le piège consistant à les mettre en concurrence. En revanche, dans les mots qui nous ont été confiés, force est de constater que ces deux histoires ne cessent d'entrer en collision. Ce livre doit permettre de s'arrêter sur ces mots pour essayer d'en saisir tous les sens. Chacun aura ainsi le loisir de poursuivre la conversation que nous espérons faire naître entre les personnes qui liront ces pages.

Beaucoup d'entre nous avaient tendance à oublier ces évidences historiques. Citoyens, médias comme certains politiques avaient en grande patrie détourné le regard ces dernières années. Les termes de Nakba, pogrom, solution à deux États, génocide, Shoah, territoires occupés, ligne verte, semblaient appartenir au passé, comme s'il s'agissait d'une langue morte. La communauté internationale avait collectivement confié à l'ONU le soin de se charger du « problème », de gérer une apparence d'apaisement via des programmes humanitaires extrêmement complexes et coûteux. Ajoutons à cela une répugnance bien française (l'Italie et les États-Unis en parlent davantage), qui consiste à mettre en sourdine l'actualité du Moyen-Orient[1] par la crainte d'importer ce conflit dans une nation où vivent les plus grandes communautés juives et musulmanes d'Europe et où le modèle laïque est sans cesse remis en cause. Le réveil est brutal. Ces récits rassemblés ici sont éprouvants, insupportables, perturbants, à l'heure où cette horreur refait surface.

Sommes-nous dépourvus d'avis, de parti pris ? De quel côté sommes-nous ? Ces questions légitimes seront parmi les premières que se poseront ceux qui verront ou prendront ce livre entre leurs mains. Nous ne sommes pas neutres. La neutralité, comme la perfection, n'est ni de ce monde, ni souhaitable. La neutralité absolue nous empêcherait de ressentir le désarroi d'une mère ayant perdu son enfant ou l'impuissance d'un père n'arrivant pas à protéger son fils de deux ans. À une froide équidistance, nous avons préféré la chaleur de notre objectivité qui cherche à respecter toute l'émotion dont les témoignages livrés ci-après sont chargés. Si nous voulons rapporter ces histoires, c'est d'abord parce qu'elles nous touchent. Nos sensibilités respectives, nos versions, nos points de vue ne sont pas imposés, ils sont simplement assumés. Raconter, c'est choisir. Ordonner, c'est orienter. L'objectivité telle que

1. La publication de *La Revue des médias* de l'INA du 25 octobre 2023 de l'article : « Avant l'attaque du Hamas, le conflit israélo-palestinien avait presque disparu des JT » montre la forte baisse du nombre de reportages consacrés au Moyen-Orient par les grandes chaînes françaises depuis la seconde intifada : en 2001, 1 500 sujets étaient diffusés par ces antennes, contre 701 lors de la guerre de 2014 à Gaza et moins de 200 par la suite.

nous la concevons consiste à savoir que nous n'avons ni le don d'omniscience, ni celui de l'ubiquité. En revanche, nous essayons de restituer la part de réalité, dans toute sa complexité, à laquelle nous avons été confrontés de la manière la plus honnête et fidèle possible.

Quand nous désignons un territoire, le cadre à l'intérieur duquel nous nous plaçons et qui dicte le langage que nous utilisons est celui du droit international et de ses principes en matière de règlement du conflit au Proche-Orient. La résolution 242 de l'ONU, tant décriée en Israël, mais approuvée à l'unanimité par le Conseil de sécurité en 1967, pose les principes d'une paix juste et durable et rejette la force comme mode de résolution du conflit. Nous croyons à l'application de ce droit, parce qu'il se trouve être le plus grand dénominateur commun sur lequel de nombreuses nations s'accordent, sans pour autant le respecter systématiquement. D'autres lui préfèrent la religion, l'histoire ou des normes locales, par exemple. C'est aussi leur droit, mais ces critères ne constituent pas un socle commun aussi large que le droit international et en cela ils fragmentent davantage qu'ils n'unissent.

À qui parlons-nous dans cet ouvrage? À toutes celles et ceux que nous avons pu joindre. Très majoritairement des civils. Nous l'avons fait en réfléchissant à la valeur et à la place que nous accordons à certaines paroles. Nous partons du principe que la parole d'un simple citoyen israélien vaut celle d'un simple citoyen palestinien. Il n'y a aucune raison objective de procéder autrement. En revanche, il n'en va pas de même pour d'autres acteurs de cette histoire. Le Hamas figure sur la liste européenne des organisations terroristes, mais il nous est arrivé d'interviewer certains de ses dirigeants par le passé puisqu'ils gouvernent depuis 2007 la bande de Gaza. À cela s'ajoutait la différence à faire entre la branche politique et militaire du mouvement, comme celle acceptée par une partie de la communauté internationale, dont la France, du côté du Hezbollah libanais[2]. La France entretient des contacts avec des responsables politiques du mouvement chiite, mais, officiellement, ne parle pas à leurs collègues en armes qu'elle classe parmi les organisations terroristes. Autre fait marquant qui a accru la tolérance internationale à son égard : le Hamas, en 2017, a ajouté un amendement à sa charte originelle de 1988. Il est effectivement fait mention d'un « consensus national » autour de l'idée d'un État sur les frontières de 1967, avec Jérusalem pour capitale[3], mais il ne renonce en aucun cas à la destruction de l'État d'Israël auquel il ne reconnaît aucune légitimité. Une manœuvre cosmétique dont le mensonge a éclaté au grand jour, six ans plus tard. Nous avons choisi de ne pas essayer de les contacter pour éviter d'amplifier une parole actuellement disqualifiée et inaudible. Ne serait-ce que de par le nombre de morts qu'ils ont causés ce 7 octobre, nombre jamais atteint depuis la création de l'État hébreu. Ils marquent un tournant dans l'horreur inhérente à ce conflit. Nous nous bornerons tout au plus à rapporter des propos que les responsables du Hamas, notamment ceux qui sont en exil, ont tenus sur d'autres canaux.

---

2. « Macron : La France fait "le distinguo" entre les branches politique et militaire du Hezbollah », *L'Orient-Le jour*, 25 février 2019.
3. « Est-il vrai que la charte du Hamas fixe comme objectif la destruction de l'État d'Israël ? », *Libération*, 14 octobre 2023.

À Gaza aussi il n'y a jamais eu autant de morts en si peu de temps depuis le 7 octobre. La dimension de la catastrophe humanitaire qui s'y est déroulée depuis cette date est également inédite depuis la Nakba en 1948. De nombreux témoins à Gaza accusent l'armée israélienne d'être coupable de massacres, voire de génocide. Le 7 novembre, un mois après le déclenchement de l'opération israélienne, le secrétaire général de l'Organisation des Nations unies en personne, M. António Guterres, parle de Gaza comme étant devenu un « cimetière pour les enfants[4] ». Ce jour-là, le constat qu'il dresse est le suivant : « Des centaines de filles et de garçons seraient tués ou blessés chaque jour. En quatre semaines, plus de journalistes auraient été tués que dans aucun autre conflit ces trois dernières décennies. Plus de travailleurs de l'ONU ont été tués qu'au cours de périodes comparables dans l'histoire de notre organisation. » Dans un communiqué publié le 15 novembre 2023, le secrétaire général adjoint aux affaires humanitaires et coordinateur des secours d'urgence des Nations unies, Martin Griffiths, va plus loin encore dans les termes qu'il emploie : « Alors que le carnage à Gaza atteint chaque jour de nouveaux sommets d'horreur, le monde continue d'assister, choqué, aux tirs sur les hôpitaux, à la mort de bébés prématurés et à la privation d'une population entière des moyens de survie les plus élémentaires. Cela ne peut plus durer[5]. »

---

4. António Guterres, « Gaza devient un cimetière pour les enfants », AFP, 7 novembre 2023.

5. Martin Griffiths, « The carnage in Gaza cannot be allowed to continue. Here are the steps to rein it », Genève, *Ocha*, 15 novembre 2023.

Pouvons-nous affirmer que les hommes et les femmes qui portent l'uniforme aux couleurs de l'État hébreu n'ont pas l'intention de tuer des civils ? Nous pouvons le croire, mais n'avons pas, à cette heure, les moyens de le démontrer. En l'absence de preuves irréfutables ou de sources indépendantes, nous restons, sur ce sujet, confinés dans le domaine de la croyance, et non de la connaissance. Ceux qui savent ce qu'il en est de l'intention des militaires israéliens sont avant tout ceux qui, parmi eux, tirent depuis les habitacles des chars Merkava, déclenchent des tirs de missiles depuis l'intérieur des cockpits des avions de chasse, ou se calent derrière les lunettes de visée des fusils ou au pied des canons de l'artillerie. Ce sont également les opérateurs de ces nouveaux drones tueurs, ces « quadcopters » équipés de fusils-mitrailleurs qu'ils peuvent actionner à distance. Peut-être que certains d'entre eux parleront un jour. Ce fut le cas après l'opération « Bordure protectrice » en 2014. Dans un rapport intitulé « C'est ainsi que nous avons combattu à Gaza[6] », l'ONG israélienne Breaking the silence (« rompre le silence ») a donné la parole à des dizaines de soldats ayant participé à l'incursion dans la bande de Gaza. Ils retracent la violence gratuite, voire la mort, parfois infligée à des civils gazaouis terrorisés. La relecture de ces entretiens est d'autant plus troublante qu'ils soulèvent les mêmes préoccupations éthiques qui existent d'ores et déjà autour de l'opération « Sabre de fer ». Les témoignages recueillis par cette ONG qui les a vérifiés sont accablants, mais ce mode d'expression, de

6. « This is How We Fought in Gaza, Operation "Protective Edge" », *Breaking the Silence*, 2014.

contestation, de dénonciation, cet écosystème n'a pas d'équivalent à Gaza.

La distinction, qui est au cœur de la notion de proportionnalité, entre les combattants et les non-combattants est-elle une priorité opérationnelle ? Le taux de létalité dans la population civile, selon l'Organisation mondiale de la santé qui reprend à son compte les chiffres du ministère de la Santé de Gaza affilié au Hamas[7], interroge sur le seuil d'acceptabilité des « dommages collatéraux ». Quel est le calcul des décideurs israéliens lorsqu'ils valident l'emploi d'au moins deux bombes de près d'une tonne chacune, selon le *New York Times*, sur le camp de Jabaliya[8] ? Selon l'UNRWA[9], l'agence onusienne pour les réfugiés palestiniens, ce site au nord de Gaza-ville compte, en temps normal, 116 000 habitants répartis sur 1,4 km². L'armée israélienne a justifié ces frappes en affirmant qu'elles ont mené à l'élimination d'une cible à haute valeur ajoutée. Où se situe le plafond du ratio entre civils et cibles militaires que les commandants et décideurs politiques israéliens sont prêts à accepter ? Existe-t-il seulement ? Et, si c'est le cas, qui le détermine et selon quels critères ? La morale, la pression internationale ? Lorsque de telles décisions sont prises, qui est redevable et auprès de qui ou de quelle institution ? Des juristes sont déjà à pied d'œuvre pour essayer de qualifier ce qu'ils ont pu observer dans l'enclave. La

7. « Le fil du jour. À Gaza, l'OMS reprend le bilan du Hamas, Netanyahou s'oppose à tout cessez-le-feu », *Mediapart*, 30 octobre 2023.
8. « Israel Used 2,000-Pound Bombs in Strike on Jabaliya », *New York Times*, 3 novembre 2023.
9. « Jabalia Camp », United Nations Relief and Works Agency for Palestine Refugees in the Near East, *Unrwa*, juillet 2023.

démarche prendra beaucoup de temps et les obstacles seront très nombreux. Les historiens, pareillement, travailleront assurément sur ces dossiers. Lorsque les rouages de la mécanique de la guerre se mettent en marche, la force l'emporte fatalement sur la justice.

Il est tout aussi vrai que l'emploi du mot « vengeance » par de hauts responsables israéliens, certaines de leurs références bibliques et d'autres propos déshumanisants mettent à mal l'idée d'une action uniquement guidée par la morale et par la recherche de justice. Lorsque le Premier ministre Benyamin Netanyahou, dans un discours deux semaines après le début de l'intervention terrestre, évoque la figure d'Amalek, figure ennemie par excellence, et demande à ses compatriotes de rappeler ce que ce personnage biblique a fait subir au peuple juif, il indique clairement la marche à suivre. Pour mémoire, voici le verset 3 du chapitre 15, du premier livre de Samuel, auquel le chef de l'exécutif israélien fait très probablement allusion : « Va maintenant, frappe Amalek, et dévouez par interdit tout ce qui lui appartient ; tu ne l'épargneras point, et tu feras mourir hommes et femmes, enfants et nourrissons, bœufs et brebis, chameaux et ânes[10]. » Alors que le président Isaac Herzog est interrogé sur la nécessaire distinction à faire entre les civils et le Hamas à Gaza, ses propos interpellent de nombreux observateurs. Agacé, ce dernier affirme que « c'est toute une nation qui est responsable ». Relancé quelques minutes plus tard, il clarifiera en évoquant des « Palestiniens innocents », mais chez certains, le

10. Samuel 15,3, *La Sainte Bible.*

doute subsiste[11]. Quant au ministre de l'Agriculture israélien, il décrit, lui, l'opération « Sabre de fer » comme étant « la Nakba de Gaza en 2023 ». Il y a un parallèle troublant à faire entre ces phrases et celles d'un Hamas qui promet la destruction de « l'ennemi sioniste ». Deux faces d'une radicalité verbale désinhibée et déshumanisante vis-à-vis d'un ennemi présenté comme un tout au sein duquel tout le monde est coupable. Cette réalité nous commande de faire preuve de circonspection face aux propos des politiques qui siègent à Jérusalem. Pareillement pour les porte-parole de l'armée israélienne. Ainsi, le ministre de la Défense, Yoav Gallant, annonçant, sur le ton de la punition, un siège complet imposé à toute la population de Gaza désormais privée d'électricité, de vivres et de carburant, affirme combattre des « animaux humains[12] ». Aucun acte de violence gratuite, qu'il soit commis par des Israéliens ou des Palestiniens, n'est excusable. Quant à leurs victimes, toutes leurs vies se valent. Les larmes versées sur chacune de ces existences coupées court ont le même goût amer et salé.

À l'issue de la guerre, une commission d'enquête, soit judiciaire, soit parlementaire, pourrait établir en Israël les responsabilités précises du gouvernement de Benyamin Netanyahou dans la déroute historique du 7 octobre 2023[13]. Les partis politiques de la majorité au pouvoir s'y

---

11. « Le président israélien Isaac Herzog a-t-il vraiment déclaré "personne n'est innocent à Gaza, y compris les civils" ? », *Libération*, 17 octobre 2023.
12. Emanuel Fabian, « Defense minister announces "complete siege" of Gaza : No power, food or fuel », *The Times of Israel*, 9 octobre 2023.
13. La Commission Agranat, par exemple a été créée par Israël pour enquêter sur les manquements de Tsahal (Forces de défense d'Israël) à la suite des attaques égyptiennes et syriennes en octobre 1973 au début la guerre du Kippour.

préparent, mais certaines critiques sont de plus en plus largement partagées au sein de l'opinion publique israélienne[14]. Parmi elles, il y a la dénonciation de la stratégie permanente du Likoud, durant des années, visant à favoriser le Hamas au détriment du nationalisme arabe, dans le but de bloquer toute revendication d'un État palestinien. Diviser pour mieux régner, un jeu dangereux évoqué par plusieurs personnalités politiques dans ce livre, qui était déjà décrit dans le détail en 2009 dans *Le grand aveuglement* de Charles Enderlin[15].

De quoi parle-t-on et comment en parle-t-on ? D'abord de terreur. Il ne fait aucun doute que le terrorisme a frappé plusieurs communautés du sud d'Israël le 7 octobre 2023. Le Haut-Commissariat des Nations unies aux droits de l'homme admet qu'il n'existe pas de définition universellement reconnue et approuvée du terrorisme, mais l'agence suggère l'acception suivante du terme : « Le terrorisme implique l'intimidation ou la coercition de populations ou de gouvernements par la menace ou la perpétration d'actes de violence, causant la mort, des blessures graves ou la prise d'otages[16] ». Au regard de ces termes, est-il acceptable de décréter qu'il a également été à l'œuvre dans la bande de Gaza lorsque l'armée israélienne y est entrée après le 7 octobre ? De nombreux habitants de l'enclave le pensent et le disent. Ici encore, en l'absence d'accès direct à ce territoire, il nous est impossible

14. « Pourquoi Benyamin Netanyahou a-t-il voulu renforcer le Hamas », Dmitry Shumsky, *Haaretz*, 11 octobre 2023. (« Why Did Netanyahu Want to Strengthen Hamas ? »)
15. Enderlin, Charles, *Le grand aveuglement : Israël et l'irrésistible ascension de l'islam radical*, Albin Michel, 2009.
16. « Le HCDH, le terrorisme et l'extrémisme violent – À propos des actes de terrorisme », Haut-Commissariat des Nations unies aux droits de l'homme, 2023.

de trancher sur cette question. En revanche, au cours de notre quête des faits, des chroniques de vies brisées, l'ennemi se loge dans un mot dont il faut se méfier, car il trahit une insupportable acceptation ou banalisation de certaines cruautés qui dépassent l'entendement. Ce mot, c'est le « mais » qui vient parfois se glisser entre deux propositions dans une phrase qui sert à décrire deux réalités dramatiques différentes, de part et d'autre de la clôture. C'est dans cette non-rencontre entre les récits des Palestiniens et ceux des Israéliens que se joue l'affrontement des tragédies et des douleurs. Ce « mais » sert à majorer le drame de l'un au détriment de celui de l'autre, à faire apparaître un « deux poids, deux mesures » qui aggrave les blessures et les divisions. Il faudra donc lui préférer un « et », qui évite les concurrences malsaines et fait coexister les malheurs dans le champ de notre attention.

Ce livre ne sert donc ni à convaincre, ni à accuser, mais à consigner et témoigner.

En l'écrivant, nous avons cherché à desserrer les deux étreintes de la terreur et de l'indifférence. Nous avons cherché auprès de nos interlocuteurs israéliens et palestiniens une lueur d'espoir, qui n'est pas seulement une illusion d'esprits naïfs ou bien-pensants. Les données politiques et historiques du partage de la terre entre Israéliens et Palestiniens ne peuvent pas être occultées au profit de visions modernes ultrareligieuses, civilisationnelles et identitaires du conflit. À l'heure où les extrêmes dans le monde entier s'emparent du sujet d'une façon caricaturale, jouant avec les slogans populistes de « guerre religieuse » ou de « guerre de civilisation », il n'est pas interdit d'écouter au préalable, sans parti pris ni jugement hâtif, la parole des Palestiniens et des Israéliens de tous bords.

Le pogrom[1]

Pogrom : Attaque accompagnée de pillage et de meurtres perpétrée contre une communauté juive (d'abord dans l'Empire russe, particulièrement en Pologne, en Ukraine et en Bessarabie entre 1881 et 1921). Émeute sanglante dirigée contre une minorité ethnique et religieuse. (Dictionnaire Larousse, 2023)

Elad Poterman et Adi Efrat

Elad Poterman fait partie des rares survivants de sa communauté. Le kibboutz de Nahal Oz, où il est né et a passé presque toute sa vie, n'est qu'à 800 mètres, nous dit-il, de la bande de Gaza. Cette proximité n'a d'ailleurs jamais été un sujet de préoccupation.

Ce jour-là, c'est depuis la maison d'un ami à Bruxelles, où il loge avec sa femme et leur fille, qu'il nous parle. Elad est un survivant et un réfugié. Jusqu'au 6 octobre, il avait deux métiers-passions qui le définissaient. Il était éducateur pour

1. Lire le poème de Chaïm-Nahman Bialik, « La ville du massacre », in *Anthologie de la poésie yiddish, Le miroir d'un peuple*, traduit du yiddish par Charles Dobzynski, Gallimard, 2000.

enfants et organisait des activités après l'école. Et par ailleurs, il était accessoiriste pour la télévision, le théâtre et parfois pour des défilés. « Si vous aviez besoin d'une armure de chevalier pour une publicité, c'est moi qui la fournissais ! » lance-t-il avec une pointe d'humour. Puis son visage s'assombrit rapidement et il prend le temps d'une grande inspiration avant de revenir sur le jour où sa vie a basculé. Une séquence qu'il raconte avec une précision méticuleuse, car Elad est très réfléchi. Le récit qu'il nous livre relate les moments qui ont bouleversé son existence. Entretien réalisé le 8 novembre 2023.

Adi Efrat est également une survivante du pogrom du 7 octobre 2023. Elle réside à Be'eri où elle a emménagé il y a vingt ans par conviction pacifiste. Elle croit dans le projet du sionisme socialiste et se rend tous les jours à l'hôpital de Sderot pour soigner des enfants israéliens qui apprennent à gérer le stress et les traumatismes liés aux alertes aériennes lors des attaques de missiles venus de Gaza. Entretien réalisé le 24 novembre 2023.

Tous deux sont réveillés le 7 octobre à 6 h 30 par les tirs du Hamas.

Elad

Il y a un déluge de roquettes. Nous attrapons Leen, ma fille. Elle a 7 mois. Nous courons vers notre chambre forte. La cadence des tirs est intense, une cadence incroyable. J'ai vécu à Nahal Oz toute ma vie, mais je n'ai jamais rien vu de tel auparavant. Pendant environ trente minutes, c'est incessant. Nous commençons également à entendre des coups de feu. Il y a ensuite une petite accalmie. Je me dis que ce réveil est une sorte de rappel brutal à la réalité. Je sors de la chambre forte et vais fumer une cigarette devant la maison. Tandis que ma femme attrape des biscuits, des chargeurs de téléphone, un couteau et une hache. Ça vous montre comment les responsabilités entre elle et moi sont réparties [rires].

Alors que je suis en train de finir ma cigarette, j'entends les coups de feu se rapprocher. Puis, nous recevons un premier message WhatsApp de la sécurité du kibboutz. Il nous indique qu'il y a une « situation sécuritaire en cours » et que nous devons aller dans notre chambre forte, nous y enfermer et rester silencieux. C'est à ce moment-là que je commence à me dire qu'il y a peut-être un problème sérieux. Peut-être que des terroristes ont traversé la frontière, mais qu'ils ne se trouvent pas encore dans le kibboutz, ou peut-être qu'il ne s'agit que d'un petit groupe infiltré dans le kibboutz ?

Je me dis : « D'accord, si c'est le cas, cela prendra une heure maximum, et c'en sera terminé. » Nous retournons dans notre chambre forte, verrouillons la porte et là les tirs de roquette reprennent avec beaucoup d'intensité. Les nouvelles commencent à nous parvenir. Je reçois un message de l'une de mes amies qui est originaire du kibboutz. Elle vit en Australie maintenant. Elle me dit qu'une personne dans mon kibboutz, une amie, vient d'être tuée. Elle l'a appris par sa fille qui est aussi une bonne amie, mais qui, elle, vit en France. En quelque sorte, la nouvelle a fait le tour du monde avant d'arriver jusque dans ma chambre forte. Mais il faut comprendre que nous n'avons toujours absolument aucune idée de ce qu'il se passe. Je ne sais pas si mon amie vient d'être tuée par des terroristes présents sur place ou par un tir de mortier.

Puis, nous apprenons que quelqu'un du kibboutz vient d'être kidnappé, en l'occurrence un de mes amis, Omri. Nous commençons à nous résoudre à l'idée qu'il y a effectivement des terroristes non seulement dans notre kibboutz, mais dans de nombreux autres aussi. Au fil des messages, nous prenons progressivement conscience de l'ampleur de l'événement. C'est totalement nouveau. Nous n'avons jamais rien vu ou vécu de comparable auparavant. En réalité, les gens qui sont à l'extérieur de notre région, en savent plus que nous sur ce qui est en train de se dérouler chez nous.

Adi

Les premiers bombardements sont inhabituels et en plus la sirène ne s'est pas déclenchée. Je suis seule chez moi, car mon mari, ma fille et son compagnon se trouvent dans un autre quartier de Be'eri. Je cours immédiatement dans la chambre forte qui a une fenêtre blindée. Je cherche des nouvelles sur Internet, mais il n'y a rien aux informations. Quelques minutes plus tard, une sirène se fait entendre. D'habitude, on est autorisé à sortir quelques minutes plus tard. Mais je ne suis pas à l'aise. Je sens que quelque chose ne va pas. Soudain de nombreux messages WhatsApp d'autres kibboutz apparaissent, disant qu'il se passe « quelque chose de très grave », des intrusions. Je n'ai pas pu lâcher mon téléphone une seconde. C'était tellement rapide. La même chose arrivait partout autour de la bande de Gaza. Je n'ai pas d'arme sur moi. J'ai tellement peur que je ne fais pas de bruit. Avec ma famille, à distance, on décide de ne pas parler, de nous contenter de messages. On essaye de comprendre comment on peut savoir si la porte de la pièce sécurisée est bien fermée. Tout le monde affirme que si la poignée est tournée vers le haut, c'est qu'elle est fermée.

Nous entendons des coups de feu à l'extéricur. À chaque fois, chacun d'entre nous écrit : « Je vais bien, je vais bien. » Puis la nouvelle tombe que des terroristes à l'intérieur de Sderot ont pris le contrôle du poste de police. Nous n'avions jamais imaginé que c'était aussi grave. Vers 8 heures du matin, cela commence dans notre kibboutz. Des gens écrivent : « À l'aide, à l'aide! Je les entends dehors, je les entends sous mon porche casser toutes les poteries », puis « J'entends des gens crier, ils sont dans notre maison, s'il vous plaît, s'il vous plaît, venez nous aider. Ils essayent d'entrer dans ma pièce sécurisée… » C'est terrible d'entendre ces messages, c'est terrible de les lire, je priais pour qu'ils n'atteignent pas ma porte, ni celle de mon mari et de ma fille.

Vers 9 h 30, j'apprends que la maison où se trouve mon mari est incendiée. Nous le supplions tous de ne pas passer par la fenêtre parce qu'il vaut mieux rester à l'intérieur même s'il y a de la fumée, parce que peut-être, nous prions Dieu, peut-être, qu'il mettra longtemps à mourir de la fumée, mais s'il saute par la fenêtre, il risque d'être abattu sur-le-champ. Cela dure une éternité. Mon mari reste en vie, dans la pièce sécurisée, et toutes les dix minutes ou vingt minutes, il nous dit simplement qu'il est en vie, tout en essayant d'économiser la batterie. À quelques reprises, il nous écrit aussi : « Au revoir, je vous aime » et nous prions pour qu'il ne nous quitte pas.

Sur la messagerie quelqu'un dit : « Nous sommes désolés, nous savons que vous avez peur, nous avons appelé l'armée et elle essaie de venir. Malheureusement, il y a des blessés et des morts dans le kibboutz. Une unité d'élite a tenté d'intervenir, mais il y avait tellement de blessés qu'ils ont dû les évacuer eux-mêmes. » Nous avons l'impression d'être seuls.

À l'extérieur, l'armée israélienne est débordée par l'ampleur de cette attaque sans précédent. Le Hamas a ouvert 29 brèches dans la barrière de sécurité, où se sont engouffrés 3 000 terroristes en armes selon les chiffres de Tsahal[2]*. Il a détruit les caméras de surveillance au sommet des tourelles de l'armée israélienne, les mitrailleuses actionnables à distance ainsi que les centres de communication, ce qui retarde d'autant plus l'organisation des secours. Quatre bases militaires sont assiégées. Les premiers kibboutz ont été pris d'assaut dès 7 heures du matin.*

Elad

À ce stade, à 11 heures, nous entendons des cris à l'extérieur de notre maison : « Tsahal, ouvrez ! Tsahal, ouvrez ! » Franchement, c'était bien imité, mais il y avait comme une teinte d'accent arabe. Je suis sûr qu'ils se sont entraînés, car c'était très proche d'un accent israélien. J'ai juste regardé ma femme, Maria, et nous nous sommes, en quelque sorte, dit « non ».

Et puis, ils sont entrés par effraction dans notre maison. On les entend. Ils commencent à tout fouiller très minutieusement. Ils sont à la recherche de personnes. J'écris à tout le monde sur WhatsApp. « Les terroristes sont là, envoyez-nous

2. « Israël estime à 3 000 le nombre de terroristes du Hamas lors de l'attaque du 7 octobre », *The Times of Israël*, 1er novembre 2023.

de l'aide ! » La première personne à laquelle je m'adresse, c'est le gars du kibboutz qui est chargé de la sécurité. Il s'appelle Ilan. Mais je vois qu'il ne lit pas mon message. Là, je commence à envoyer des messages à toutes les personnes auxquelles je peux penser, mais les réponses ne sont pas rassurantes.

Placez-vous dans la perspective d'une attaque terroriste massive. Supposez que vous vous retrouviez dans une situation d'invasion. Vous appelez la police. Ce que vous voulez entendre, c'est que des officiers seront là dans trois minutes. Au lieu de ça, on me répond simplement que l'armée a été informée de notre situation. Concrètement, c'est tout ce qu'ils peuvent faire. En clair, c'est une manière polie de nous dire que personne ne viendra. Bonne chance ! Et d'ailleurs, certains d'entre eux l'ont écrit : « Nous prions pour vous, bonne chance. »

Pendant ce temps-là on entend les terroristes hurler « *Edbakh al Yehoud!* », ce qui signifie littéralement « Massacrez les Juifs ! » et « *Allahou Akbar!* » et tous les clichés habituels. Cela, tout en continuant à fouiller notre maison et à la détruire. Ils vident les placards, vous savez, pour voir si quelqu'un s'y cache. Ils retournent les tables, les matelas. Ils passent de pièce en pièce et fouillent tout. Il faut savoir que notre chambre forte est à l'arrière de la maison, donc c'est la dernière pièce qu'ils atteindront. Alors qu'ils se rapprochent, Maria se tient dans un coin de la pièce. Dans une main, elle tient Leen, notre bébé, et dans l'autre un couteau. Moi, je me tiens sur le côté de la porte, avec une hache. C'est absurde, vous savez très bien que ça n'aidera pas vraiment, face à plusieurs terroristes très bien armés !

Le Premier ministre israélien prend la parole à 11 h 30 et annonce que « le pays est en guerre et que le Hamas paiera un prix sans précédent. » Tsahal peine à récupérer les trente localités prises d'assaut par le Hamas. L'armée israélienne doit aussi venir au secours des 3 000 festivaliers qui participaient au concert de musique électronique Supernova *dans le désert.*

Adi

Il est 13 heures. Je les entends dehors. Ils essaient d'entrer dans ma maison. Je préviens ma famille, puis je verrouille mon téléphone et je reste près de la porte pour écouter ce qui se passe. Au bout de quelques secondes, ils sont à l'intérieur. Je les entends parler entre eux. Je comprends qu'ils sont plusieurs. Je les entends rire et j'ai très peur. Mon cœur bat très, très, très vite et je sens que ma poitrine va exploser. Cela ne dure pas longtemps parce qu'en quelques secondes, ils ouvrent ma chambre forte et je me retrouve nez à nez avec eux.

Ils sont jeunes, portent des vêtements civils et des tongs aux pieds. Ils ne ressemblent pas à des professionnels, à des militaires aguerris. Ils ont l'air surpris parce que je suis devant la porte en priant pour qu'elle soit bien verrouillée de l'intérieur. Ils ont ouvert facilement, donc moi aussi je suis surprise. Ils ont une kalachnikov. L'un d'eux parle anglais, l'autre arabe. Celui qui parlait anglais me dit : « Ne vous inquiétez pas, nous n'allons pas vous faire de mal. » Je réponds : « J'ai du mal à le croire. » Il dit : « Non, non, venez avec nous. »

Ils me demandent mon téléphone et lorsqu'ils le prennent, ils le mettent dans un petit sac où il y a une dizaine d'autres téléphones, je comprends que d'autres personnes ont été enlevées. Je les supplie de rester dans ma chambre forte. « Non, non, venez avec nous. Ne vous inquiétez pas. Nous avons terminé ce que nous voulions faire ici, nous voulons juste rentrer, nous avons besoin de votre voiture. » Je sors avec eux dans le salon. Je n'ai que mon pyjama. Je tremble, j'ai très peur, je leur dis que je n'ai pas de voiture. J'essaye de leur expliquer : « C'est un kibboutz, nous avons un mode de vie communiste, on partage tout. » Ils ne comprennent pas et quand ils se parlent en arabe entre eux, ils ont l'air nerveux. J'ai donc eu une idée. « Vous savez quoi ? Il y a beaucoup de voitures dans le kibboutz. Je peux vous donner ma clé du casier où toutes les clés du garage sont stockées. Vous pourrez démarrer toutes les voitures. » Ils comprennent et me demandent où se trouve cet endroit. Je leur montre depuis la salle à manger. C'est un très grand bâtiment. Ils ont l'air confus. « Non, non, non, vous devez venir avec nous, nous montrer le chemin. » Je les supplie de rester, mais ils ne veulent pas. Je leur demande donc le droit de m'habiller. Ils sont d'accord, mais restent très nerveux, ils me regardent tout le temps, pour voir si j'ai une arme chez moi. J'ai honte de m'habiller ainsi devant eux.

Nous sortons et ils n'arrêtent pas de me demander : « Vous avez un mari, vous avez des enfants ? » Je réponds : « Non, non. » Soudain au loin nous voyons un soldat qui semble appartenir à l'armée israélienne. Ils me disent : « Ne vous inquiétez pas, il est avec nous. » Mais soudain j'entends crier en hébreu et quelqu'un nous tire dessus sur notre gauche. Ils m'attrapent alors par la main et courent. Ils n'essayent pas de répliquer. Ils m'emmènent dans une maison où je vois une vieille dame sous le porche qui mange une pomme et son aide-soignante à côté, qui a les mains attachées par-devant. Quand nous les rejoignons, ils me menottent par-derrière avec des serflex noirs qui sont très serrés. Les deux hommes qui m'ont amenée repartent. Je ne les reverrai plus.

Elad

Je suis terrorisé et je ne sais pas ce qui se passe. De l'autre côté de la porte, ils continuent de fouiller, très méthodiquement. Il leur a fallu environ 25 minutes pour arriver à la chambre forte. Une fois qu'ils y sont, ils essayent d'ouvrir la porte. J'ai eu de la chance ce jour-là. Nous avons eu de la chance à deux titres. D'abord parce que l'ancien locataire de notre maison avait installé un loquet métallique qui nous permet de la verrouiller de l'intérieur. Généralement, ces pièces n'ont pas ce genre de verrou, car elles sont uniquement conçues pour vous protéger des roquettes et non de terroristes qui tenteraient de pénétrer. C'est tout le contraire. Si jamais une roquette s'abat sur votre habitation, vous avez besoin que les secours puissent facilement avoir accès à la chambre forte pour vous en extraire. C'était vraiment une grande chance que nous ayons ce verrou à l'intérieur. La deuxième chance, c'est que ce jour-là notre bébé, Leen, est restée parfaitement silencieuse. Elle n'a fait aucun bruit pendant cinq à six heures. Elle jouait tranquillement, mangeait tranquillement, elle ne pleurait pas. Normalement, quand elle joue, elle gazouille toujours, mais là elle ne faisait absolument aucun bruit. Nous avons eu beaucoup, beaucoup de chance.

Ils ont commencé à s'acharner sur la porte. À ce moment-là, je me dis que dans quelques minutes, ils vont la casser, et tout sera fini pour nous. Moi je vais me jeter sur eux avec ma hache minable pour leur faire la guerre et c'est comme ça que je vais mourir. Voilà ce qu'il va se passer. Et tout d'un coup je me mets à penser à la guerre d'octobre 1973, la guerre du Kippour. Je suis un passionné d'histoire. J'ai lu sur cette guerre, sur ses conséquences, les retombées politiques, les mensonges et les tentatives de dissimulation, etc. Comme j'ai mon téléphone, je me mets à écrire sur Facebook. Je raconte qu'il y a des terroristes chez moi depuis trente minutes, que personne ne vient nous aider, que nous avons été abandonnés. Notre histoire est celle des soldats de la Ferme chinoise. La Ferme chinoise, c'est le nom donné à un bastion de Tsahal près du canal de Suez pendant la guerre du Kippour. Quiconque connaît cette histoire sait qu'elle concerne des soldats israéliens qui ont été abandonnés. Eh oui ! il y a eu des tentatives pour dissimuler leur histoire. Je veux donc que la nôtre soit connue pour qu'ils ne puissent pas la dissimuler plus tard.

Les terroristes essaient toujours d'ouvrir la porte de la chambre forte. Mais, parce qu'ils ne savaient pas que nous étions là, ils n'ont pas persévéré. Je sais qu'à d'autres endroits, ils ont fait exploser les portes des chambres fortes. Vu que nous étions parfaitement silencieux, ils ont dû se dire que c'était juste une porte verrouillée et qu'il n'y avait personne à l'intérieur. Peut-être ont-ils pensé que c'était juste une porte qui mène à l'arrière de la maison ou quelque chose comme ça. Finalement, les terroristes sont restés dans ma maison pendant environ une heure, jusqu'à ce qu'un autre type vienne et crie quelque chose en arabe, et ils sont partis.

Après leur départ, nous ne nous sentions tout de même pas en sécurité. Comment savoir s'ils étaient réellement partis ou s'ils ne se tenaient pas simplement silencieux, attendant qu'on sorte ? Peut-être qu'ils avaient piégé la maison ou allumé un incendie ? J'avais peur qu'ils allument un incendie.

Adi

Il y a trois terroristes sur place. Ceux-là ont l'air très professionnels. Ils portent des vêtements militaires, ils sont lourdement armés. Ils nous interdisent de parler entre nous, mais la dame âgée, qui a 97 ans, pose des questions tout le temps parce qu'elle oublie les ordres, ce qui les met en colère. Soudain, j'entends les cris de plus en plus forts d'un enfant. On dirait qu'il a très peur. Je vois alors un terroriste s'approcher de nous avec un enfant de deux ans qu'il soulève de terre en le traînant par le bras. « Papa, papa ! » hurle le petit garçon. Le terroriste le pousse vers nous sous le porche, l'enfant est si effrayé ! J'essaye de me pencher vers lui et de l'empêcher de courir partout. L'aide-soignante tente de le prendre dans ses bras pour le rassurer, mais il est tellement effrayé qu'il essaye de se libérer de son emprise. Je tente de le calmer en lui posant des questions : « Comment s'appelle ton papa ? Où travaille-t-il ? »…

L'horreur continue. D'autres terroristes amènent un garçon de 7 ans et sa mère, que je reconnais. Elle saigne, elle est blessée par balle. Tous deux sont couverts de suie, de sueur et de saleté, ils sont tellement épuisés !

Ils s'approchent de nous et à la seconde où ils sont là, le garçon, très agité, tente de partir. Sa mère s'approche de nous et lui dit : « Je suis là maintenant, ne pars pas, reste avec nous, c'est dangereux, reste ici. » Puis elle s'approche de moi et me dit : « Ils ont tiré sur mon mari et Mila, ma fille, est morte. » Mila est un bébé de dix mois. J'essaye de m'accrocher à l'espoir et lui réponds : « Elle est peut-être seulement blessée. » Elle dit : « Non ils lui ont tiré en pleine tête. » Je ne peux plus parler, je n'ai plus de mots.

Nous avons toutes les deux les mains attachées. Je mets ma tête sur son épaule et nous essayons de nous réconforter l'une l'autre. Ils lui apportent une autre chemise, mais elle ne parvient pas à l'enfiler, car elle est blessée au bras. Elle s'effondre sur le sol parce qu'elle a du mal à respirer, ce qui les met en colère. Elle essaie de faire un geste de la main pour leur montrer qu'elle ne peut pas respirer. Et elle me supplie : « S'il te plaît, Adi, occupe-toi de mes enfants. Je ne sais pas si je vais survivre. » Je me dis qu'elle pense que nous allons être captifs ensemble, moi et ses enfants. Je réponds : « Je te le promets. »

Au bout d'un moment, les terroristes décident que moi, la vieille dame et l'aide-soignante devons les accompagner quelque part. Ils n'expliquent pas pourquoi. Ils n'expliquent pas où. Quatre ou cinq terroristes sont avec nous. Soudain, ils décident de me séparer des autres. L'un d'eux me dit de venir avec lui et me lance dans un très mauvais anglais : « Vous devez comprendre que si vous faites ce que je dis, tout ira bien. La famille que vous avez vue ne m'a pas écouté. Ils ont essayé de s'enfuir. Et c'est pour ça que je leur ai tiré dessus. »

L'un d'eux me fait signe de reculer vers lui, il me détache les mains. Le premier me conduit à une pelouse et plus loin il me montre une voiture. « Je veux que vous alliez à la voiture et que vous sortiez les corps de nos amis qui sont morts ». Je lui demande : « Êtes-vous sûr qu'ils sont morts ? » Il me répond : « Je ne sais pas, peut-être. » Je le supplie alors de leur dire que j'arrive parce que j'ai peur qu'ils me tirent dessus s'ils m'entendent approcher. Il s'en moque et me dit : « Allez, allez ! » J'avance les mains en l'air et j'essaye de me souvenir comment leur dire en arabe que je viens les aider. Après trois ou quatre pas, nous entendons des coups de feu. J'ai peur, alors je m'accroupis au sol. Les terroristes font la même chose. Ils me prennent par la main et commencent à courir avec moi. Nous arrivons à une maison où il y a de nombreux terroristes. Ils sont une quinzaine, tous en uniforme militaire, armés, et je vois des armes partout sur le sol, des lance-grenades, ils me font signe d'entrer dans la maison, je suis réticente. Il fait très chaud, il y a un incendie à l'intérieur et j'ai peur. Je regarde sur ma gauche et je vois un tout petit entrepôt. De nombreux terroristes se cachent à l'entrée de ce local. Je veux donc y aller et ils m'autorisent à le faire. Je vais au fond, tout au fond de la pièce. C'est une très petite pièce. Elle ne mesure qu'un mètre et demi de long. J'essaie de me faire toute petite. Après quelques secondes, les tirs commencent, un combat intense. Je les vois tirer, entrer dans la pièce et en sortir, tirer, revenir, tirer, revenir. À tout moment, chacun d'entre eux peut me tirer dessus, j'ai tellement peur. Je prie pour qu'ils soient trop occupés à sauver leur vie et qu'ils ne pensent pas à moi. Et c'est ce qui s'est passé. Au bout d'un quart d'heure, ils se replient vers la maison et tout se calme. Je ne sais pas s'ils sont encore là. Je crains de quitter mon abri.

J'entends de l'hébreu. Je décide alors qu'il vaut mieux me manifester en criant. J'entends une réponse, j'entends l'un d'entre eux dire : « Il y a un civil ici, une femme ! » Immédiatement, les tirs reprennent des deux côtés et je me sens coupable parce qu'un des soldats israéliens est peut-être blessé à cause de moi. Le calme revient et après quelques minutes, j'entends des mots en hébreu très proches, alors je crie à nouveau. Un des commandants arrive immédiatement et me parle : « Qu'est-ce qui s'est passé ici ? Vous allez bien ? On va envoyer une unité pour nettoyer la maison. Vous êtes en sécurité avec nous. On va essayer de s'approcher du quartier voisin. » C'est celui où se trouve mon mari.

À l'entrée de la maison, les terroristes nous tirent dessus. Nous nous accroupissons. Je vois une femme allongée sur le sol. Elle est morte, elle porte des vêtements civils, elle était menottée par-derrière. Les soldats me disent : « Ce n'est pas bon pour vous, ne regardez pas ! » Sur la route, je vois une voiture en feu et un cadavre à côté de la voiture. On dirait un homme. Les tirs sont nourris et les soldats se dirigent vers le jardin et se battent pendant encore une heure, une heure et demie. Quatre d'entre eux sont blessés sous mes yeux. Je leur dis : « Laissez-moi, avancez, je vous retarde. » « Hors de question. On est venus pour sauver les civils ! » Enfin, nous croisons une autre équipe qui me prend avec elle et m'emmène à l'extérieur du kibboutz. Les combats continuent. Plusieurs fois nous devons nous accroupir et nous cacher derrière des voitures.

En fin de journée, le Hamas annonce détenir des « dizaines de militaires israéliens » en otage. Le gouvernement israélien, lui, affirme avoir détruit la majorité des forces ennemies infiltrées sur le territoire[3], alors que les combats continuent le long de la barrière de défense et dans plusieurs villes. Le premier bilan fait état de 700 morts israéliens. Il sera, au final, de 1 200 victimes, dont 859 civils[4]. Le nombre d'otages s'élève à 240, en grande majorité des civils.

Elad

Nous attendons et il a fallu encore plusieurs heures jusqu'à ce que les vrais soldats israéliens arrivent chez nous. Quand ils sont entrés, nous sommes sortis de la pièce sécurisée. Ma maison est en ruine, tout est cassé et jeté sur le sol. Je me suis dit : « Je veux que ces soldats restent chez moi », or je sais qu'ils doivent continuer à progresser à travers le kibboutz, mais j'aimerais qu'ils s'attardent ici quelques minutes. J'ai eu l'idée de leur proposer un peu de convivialité : « Les gars, qui veut du café ? Allez, ne soyez pas timides et profitez-en aussi pour remplir vos bouteilles d'eau, ça va être une longue journée. » [sourire] En réalité, ils sont restés environ dix à quinze minutes, mais vous savez, c'est mieux que rien.

À leur départ, nous devons retourner dans la pièce forte jusqu'à environ 23 heures. Un autre groupe de soldats

3. « Israël affirme avoir éliminé 1 000 combattants infiltrés et fait 200 prisonniers dans les jours qui ont suivi l'attaque », dépêche Reuters, 10 novembre 2023, 7 h 35.

4. « Les autorités israéliennes ont identifié les dépouilles de 859 civils tués lors des attaques du 7 octobre », *The Times of Israël*, 14 novembre 2023.

arrive alors. Ils nous disent que nous avons une minute et demie pour faire nos valises, car ils nous évacuent. Si je vous dis que vous avez une minute et demie pour faire vos valises, vous ne pouvez pas rassembler grand-chose, mais si toute votre maison est sens dessus dessous… les tables renversées, les placards vidés, les lits brisés, les affaires jetées partout… Tout est saccagé, c'est une tâche impossible. Nous avons mis tant bien que mal quelques affaires dans une valise, puis nous avons été emmenés avec un bus dans une maison du kibboutz où ils ont réuni d'autres habitants.

Tout le monde se connaît. Et nous sommes tous dévastés. Passés par l'essoreuse, perdus. On est conscients de s'en être sortis de justesse. Je me souviens de mon ami Nissan s'excusant auprès de Sharon, s'excusant de ne pas avoir pu sauver son mari à temps. J'essaie de me contrôler, de ne pas céder à cette vague de douleur qui surgit. Je sors. Je m'éloigne pour aller crier dans ma tête. Je ne peux pas vraiment décrire cela, à part dire que c'est horrible. J'ai pleuré pendant environ trois minutes, j'ai essuyé mes larmes, je suis revenu là-bas et j'ai commencé à entendre les informations en provenance de notre kibboutz. Cette famille a été massacrée. Ce type a été kidnappé. Un autre type est également kidnappé… les nouvelles arrivent au compte-gouttes. Nous avons attendu, je pense, jusqu'à environ 3 heures et demie du matin, jusqu'à ce que mon frère soit évacué du kibboutz. Il faisait partie du dernier groupe évacué. Environ toutes les deux heures, j'entendais dire qu'une personne que je connaissais avait été tuée ou kidnappée. Prenez un moment pour comprendre ce que cela signifie. Environ toutes les deux heures, pendant douze jours. Et une fois ces douze jours passés, c'était la même chose, mais une ou deux fois par jour. C'est trop, vraiment trop d'informations insoutenables pour réussir à toutes les contenir dans son esprit.

Je n'ai plus de maison, plus d'entreprise. J'ai tellement de chagrin et de douleur que je n'arrive même pas encore à concevoir ce qui m'attend, ce à quoi je vais devoir faire face.

Adi

J'arrive enfin à l'entrée du kibboutz. Peu à peu, je vois les personnes évacuées sortir comme moi. C'est tellement long! Je suis à bout de nerfs. Mais chaque fois que je vois quelqu'un de vivant, je me sens si heureuse! Puis deux bus évacuent les gens vers Nétivot. C'est une ville voisine. Je ne veux pas y aller, car j'attends mon mari et ma fille. Il est environ 16 h 30. Je prends le téléphone de quelqu'un pour dire à mes frères et sœurs que je vais bien et je cherche des informations sur ma famille. L'attente est sans fin. Et pendant ce temps, au point de rassemblement, les sirènes sifflent, les tirs de mortiers s'abattent sur nous, nous devons nous allonger à terre à chaque fois. Vers 22 heures, je vois des jeunes évacués du quartier où habite ma fille. Alors je leur donne le numéro de la maison de ma fille, je supplie les soldats d'aller la chercher.

Elle est enfin évacuée vers 22 h 30. Je la serre fort contre moi. J'embrasse son visage, ses cheveux, ses yeux. Nous comprenons qu'il y a toujours des terroristes aux alentours. Je demande ensuite des nouvelles de mon mari à des gens évacués de son quartier, des gens qui sont pleins de suie. Je comprends qu'il y a de l'espoir parce que je vois qu'ils sont encore en vie malgré les incendies. À 2 heures du matin, nous entendons des coups de feu, sur le point de rassemblement, où se trouvent des centaines de personnes. Nous

nous couchons tous sur le sol. Les soldats parviennent à tuer le terroriste qui nous attaque et décident de ne plus attendre les prochains bus. Ils nous font monter dans les camions de transport de matériel de l'armée. Une fois sur place, Avishaï, mon mari, nous appelle pour nous dire qu'il va bien, qu'il est sain et sauf.

Ils ont continué à évacuer les gens jusqu'à dimanche après-midi 16 heures. Je me sens tellement chanceuse, bénie de pouvoir serrer dans mes bras les gens que j'aime. Mais je vois des familles brisées, des familles où l'on aperçoit une femme sans son mari. Les gens demandent : « Où est votre mari ? » Et elle hoche la tête, comme si elle faisait non, aucun mot, et ses yeux sont, vous savez, sans lumière et elle est si triste et elle ne sait pas.

Je crois toujours en la paix. Je sais qu'à Gaza beaucoup de gens veulent seulement élever leurs enfants et avoir une vie simple. Travailler, rentrer à la maison, manger et avoir un avenir. Mais maintenant, je comprends qu'il y a beaucoup de gens qui ne sont pas comme ça. J'ai l'impression que beaucoup ont accepté le régime, la politique et les croyances du Hamas pendant tant d'années. Le changement doit donc venir de l'intérieur de la société palestinienne. Il doit être profond. Il doit se faire avec leurs voisins, les autres pays arabes qui les soutiennent.

Avant le 7 octobre, je pensais qu'Israël ne faisait pas assez pour la paix. Quand j'entendais le gouvernement dire que nous n'avons pas de partenaires pour la paix, je pensais qu'il voulait seulement séduire les électeurs de droite. Maintenant, je comprends qu'en réalité, les Palestiniens ne voulaient pas la paix pendant tout ce temps. C'est triste pour moi, mais je refuse de perdre espoir.

Depuis gaza, ma prison à ciel ouvert

> « Fer qui hurle, auquel répondent d'autres aboiements. La fièvre des métaux est la chanson de cette aube. Si cet enfer pouvait cesser cinq minutes ! Advienne que pourra ! Cinq minutes. Je dirais presque cinq minutes seulement, pour l'unique chose à faire avant de me préparer à mourir, ou à vivre. Cinq minutes, est-ce suffisant ? »
>
> Mahmoud DARWICH,
> *Une mémoire pour l'oubli*[1].

Un jeune photographe anonyme

Comment savoir ce que pensent exactement les Gazaouis de ce pogrom moderne ? Lorsque nous les contactons quelques jours plus tard, ils sont confrontés à une catastrophe humanitaire sans précédent due à la riposte israélienne, tous fatigués et déçus de l'injonction qui leur est faite de « condamner les attentats du 7 octobre 2023 ». Nous donnons ici la parole à un seul d'entre eux, témoin privilégié des exactions de l'opération

1. Traduit par Yves Gonzales-Quijano et Farouk Mardam-Bey, Actes Sud, 1994.

« Déluge d'Al-Aqsa », comme l'a baptisée la branche armée du Hamas. Ahmed est un jeune photographe qui souhaite rester anonyme. Il est âgé de 30 ans à peine, issu d'une famille de réfugiés, comme 70 % des habitants de l'enclave. Sportif, volubile, curieux du monde extérieur, anglophone, il fait partie de l'élite éduquée de la bande de Gaza, dont il n'est paradoxalement jamais sorti. Depuis ce qu'il appelle sa « prison à ciel ouvert », il nous donne sa version des faits, réfugié dans la ville de Rafah où il tente de mettre toute sa famille à l'abri des bombardements. Entretien réalisé le 28 octobre 2023.

Le premier jour, le 7 octobre, je dormais chez moi à la maison, au nord de la ville de Gaza. Et soudainement je suis tombé de mon lit en entendant l'énorme quantité de roquettes tirées vers Israël. J'ai tout de suite pris mon équipement, mes caméras. Sans comprendre ce qui se passait exactement, je sentais que c'était quelque chose de gigantesque. Je me suis dirigé vers la frontière israélo-palestinienne au nord, pour découvrir que presque tout le grillage était à terre ! Ils l'avaient fait exploser !

D'abord je voulais entrer, je voulais avancer. Il y avait une urgence à l'intérieur de moi, à l'intérieur de nous tous d'ailleurs. On s'est dit : « OK ! C'est comme la lune ! Personne d'entre nous n'a jamais foulé cette terre ! Qu'est-ce qu'il y a de l'autre côté ? » On ne pouvait se raisonner, personne ne comprenait plus où il allait. Je me suis dit : « C'est le pays des miracles. Celui où j'ai toujours rêvé de prendre des photos, de couvrir des événements ! C'est le moment de le voir de mes yeux, de réaliser mes rêves. » J'ai pris des photos. Je me suis approché. J'étais très attiré. Ça m'a brûlé de l'intérieur. Mais j'ai vu comment les gens, les civils et les combattants entraient en Israël, de manière inconséquente, sans plan et j'ai compris que c'était très dangereux. J'ai compris que la place d'un journaliste palestinien n'était pas là-bas. Je ne suis pas entré. Je suis resté deux heures devant la frontière, jusqu'à 8 heures du matin environ.

Tous les habitants de la bande de Gaza qui ont mis un pied dehors ont été éliminés. Soit ce jour-là, soit plus tard. Mon cousin est un journaliste, il ne portait que ses appareils photo en bandoulière et son gilet marqué « Presse ». Il est entré à 9 h 30 par la frontière est de Gaza. Un missile israélien l'a aussitôt visé avec cent autres personnes. Il n'était pas un combattant, il n'était pas un voleur. Il est mort. Ceux qui sont passés et qui sont encore en vie sont toujours des cibles.

En revenant à Gaza j'ai vu des otages être ramenés depuis la frontière. Certains d'entre eux étaient morts en chemin, d'autres étaient encore vivants, ou blessés. Mais je n'ai quasiment pas pris de photo. Une seule en fait. J'ai vu… je ne comprenais pas. Je ne comprenais pas si c'étaient des otages du Hamas ou d'un autre groupe armé. J'étais le seul dans la foule à porter un casque et un gilet pare-balles, j'étais suspect aux yeux des kidnappeurs. Qu'est-ce que je faisais là à documenter tous ces crimes, si près de la frontière? Je pouvais être un espion. J'ai même crié à voix haute « Non! Ce n'est pas ce que nous voulons! On est palestiniens! On ne va pas kidnapper des civils! Seulement des soldats! » J'étais vraiment triste pour les victimes. J'ai vu que c'étaient pour la plupart des civils et ensuite j'ai compris que beaucoup étaient aux mains du jihad islamique. Ces hommes sont des salauds. Ils n'ont pas de respect pour l'humanité et ils ne comprennent pas la cause palestinienne. Comment voulez-vous les raisonner ?!

J'ai vu des civils palestiniens prendre des Israéliens en otage, mais pour moi leur comportement est en partie dû aux crimes du gouvernement israélien. Quand tu as tué le père de quelqu'un, ou son frère, voire quand tu as éliminé toute sa famille, que peux-tu attendre de lui ? Les civils qui sont entrés en Israël à la suite des combattants armés cherchaient à se venger. Il faut le dire, l'armée israélienne s'est toujours comportée de façon barbare quand elle attaquait Gaza par le passé. Les Israéliens ne pensent pas à deux fois avant de frapper.

Je suis rentré au bureau de mon agence. Je suis resté là les deux premiers jours de la guerre, je dormais sur place. C'est ce que j'ai toujours fait durant les précédents conflits. J'avais besoin d'électricité et d'Internet, pour mon travail. Mais j'ai vite senti que la situation était inédite. Ma mère, mes voisins, mes frères et sœurs ont commencé à me supplier et à me dire qu'ils ne se sentaient pas en sécurité sans moi. « Nous ne pouvons pas dormir si tu n'es pas à la maison avec nous. » Ils ont insisté en disant que ce n'était pas une guerre comme les autres. Je suis retourné auprès des miens et nous sommes partis en exil vers le sud.

Nous sommes maintenant installés dans une maison au sud de Gaza avec 67 personnes, ma famille et celle de mon oncle réunies. On s'est dit que l'on préférait survivre ou mourir ensemble. Depuis le début du conflit, j'ai perdu environ 70 amis et proches. Ma maison est partiellement détruite. Elle est inhabitable en ce moment. J'aimerais pouvoir y aller et la voir, voir si la maison de mon enfance est encore debout.

Quand la nuit tombe sur la ville de Gaza, les missiles, les bombes, l'artillerie peuvent nous tuer. D'où l'expression qu'on emploie, « l'hiver est venu », comme dans la série *Game of Thrones*. Ce sont des bombardements très sauvages, une vengeance très cruelle contre les citoyens de Gaza. Les Israéliens ne parviennent pas à atteindre les combattants avec leurs frappes, alors ils dirigent leur rage contre nous. Il n'y a plus de combattants visibles dans la bande de Gaza en ce moment ! Ils sont tous dans les tunnels, dans le « métro » de la ville de Gaza.

Je suis un homme qui croit en la paix, je crois en l'humanité, je déteste le Hamas. Parce que le Hamas est, après l'Israël, responsable de toutes les misères de la bande de Gaza. Mais pour éliminer le Hamas, vous ne pouvez pas éliminer 2,3 millions de personnes ! Israël voudrait que tout le monde libre pense que le Hamas est un nouveau nazisme. Ils seraient pires que Daech ? Comment est-ce possible ? Comment pouvez-vous comparer un mouvement de terreur mondiale à un mouvement palestinien qui n'opère pas à l'extérieur de la Palestine ?

Je vais vous raconter ce que dit le Hamas du 7 octobre 2023. À la première heure, environ 500 de leurs combattants se seraient infiltrés en Israël. Ils les ont appelés « l'élite », les unités « Nukhba ». Certains d'entre eux ont reçu l'appel trente minutes avant l'opération. Ils disent qu'ils s'attendaient à un combat de quatre à cinq heures contre les troupes israéliennes à la frontière avec Gaza. Ils ont fait leur travail en une heure. Ils ont ensuite kidnappé des soldats. Ils savaient où les trouver exactement. Ils ont même kidnappé le major général de l'unité chargée de Gaza, dans sa propre maison à Ashdod. Ensuite le jihad islamique palestinien, soutenu par l'Iran, a voulu profiter de l'événement. Ils n'étaient pas informés de ce qui allait se passer. Ils voulaient leur part du gâteau ! Ils ont envahi Israël deux heures après le début de l'attaque, avec beaucoup de civils à leurs côtés. C'est le jihad islamique qui a tué le plus de civils. Le Hamas affirme que son plan à l'origine était de kidnapper entre quinze à vingt soldats israéliens uniquement et de revenir à Gaza afin de négocier un échange de prisonniers.

Je n'ai jamais pu sortir de la bande de Gaza. Les conditions imposées aux hommes pour pouvoir se rendre à Jérusalem ou en territoire israélien sont strictes. Vous devez avoir plus de 55 ans, être marié, vous devez avoir plus de 50 000 dollars sur votre compte bancaire. Vous devez avoir un emploi à l'intérieur de Gaza qui garantisse aux Israéliens que vous allez revenir. Votre permis dure seulement huit heures. Comptez deux heures pour passer la frontière, une heure pour aller à Jérusalem. Avec six heures de voyage aller-retour, il vous reste seulement deux heures pour voir Jérusalem et la mosquée Al-Aqsa, et encore, une seule fois dans votre vie.

Pourtant je ne suis pas religieux. Je veux juste savoir pourquoi je suis un Palestinien, pourquoi je dois vivre dans cette misère, pourquoi je suis forcé de vivre sous le contrôle du Hamas. J'aimerais atteindre ce lieu sain et religieux, la mosquée Al-Aqsa. Est-ce que c'est un mirage ? C'est comme si vous aviez un doute à l'intérieur de vous. Votre esprit vous dit : « Non, ce n'est pas vrai. Je n'aurai jamais la chance de le voir. » Toutes ces histoires que vous entendez, qui racontent à quel point ce lieu est magnifique ! Y aller, c'est faire partie d'une histoire. Je veux aller où mes ancêtres ont marché, renouer avec mes racines. C'est une urgence intime. J'ai refusé plusieurs fois de voyager à l'étranger, en Europe ou dans d'autres parties du monde. Je dois d'abord me tenir debout face à la mosquée Al-Aqsa.

Mon grand-père et ma grand-mère venaient de l'une des plus riches familles de Lod, qu'on appelait Lydda, près de l'aéroport de Palestine à l'époque. Ils avaient une immense maison qui avait plus de dix pièces. Ils avaient des terres. Leur maison a été détruite en 1948. Ils se sont donc réfugiés dans la bande de Gaza, en pensant reconstruire leur vie. Durant toute notre enfance, ils nous ont raconté l'histoire des massacres qui ont eu lieu en 1948 à Lod justement. Malheureusement, leur génération a ainsi semé une graine en nous : « Il y a un pays de miracles. Le pays d'Allah. C'est l'endroit le plus vert que vous puissiez voir. Ce pays qui s'appelait la Palestine s'appelle maintenant Israël. Il y a des montagnes, des rivières. C'est le pays des merveilles. Vous y trouverez vos racines. »

Qui n'a jamais vu son propre pays et sa maison de famille ? Tout le monde sait d'où il vient. N'importe quel Palestinien de Gaza rêve de fouler la terre de ses ancêtres.

J'ai rencontré des Israéliens une seule fois. J'avais 23 ans. Je suis allé faire un reportage au poste frontière d'Erez au nord de la bande de Gaza. Il y avait bien sûr des militaires, mais d'autres étaient des officiels venus pour permettre aux malades graves de Gaza d'être soignés en Israël. Tiens, je me souviens, l'un d'eux s'appelait Menachem, mais son nom d'origine était Mike, il était américain. Il m'a dit que le gouvernement israélien lui avait demandé de changer son nom et d'apprendre l'hébreu. Quand j'ai commencé à parler hébreu avec lui, il m'a dit que mon hébreu était meilleur que le sien.

Un autre était franco-israélien et le troisième, israélien éthiopien. Je n'ai jamais rencontré un Israélien né en Israël. Je pense qu'Israël est une chance pour les Juifs qui immigrent, et s'il y a un apartheid et des colonies, ils s'en fichent.

Quand on vit à Gaza, on veut juste ne pas mourir de faim. J'ai commencé par étudier l'ingénierie civile et je n'ai pas trouvé de travail comme beaucoup de jeunes ici. Où vais-je aller ?

La Cisjordanie ? Mon père y allait deux fois par semaine autrefois. Mais quand la seconde intifada a commencé en 2000, tout s'est fermé. Aujourd'hui les habitants de Cisjordanie, mes frères de sang, me haïssent. Ils pensent que tout ce qui vient de Gaza est une menace. Notre président, Mahmoud Abbas, leur dit qu'ils ne doivent avoir aucun contact avec les gens de Gaza s'ils veulent trouver du travail en Israël.

Aller en Égypte ? Il faut l'autorisation des Israéliens et des Égyptiens, et vous avez besoin de mille dollars pour payer un bakchich aux soldats. Si vous y parvenez, vous risquez de dormir dans la rue, certains soldats vont vous maltraiter, vous dire que vous êtes un rat, que vous appartenez au Hamas.

Être né à Gaza, c'est une malédiction. Je vais rester. Maintenant mon seul rêve est de revoir ma maison dans la ville de Gaza. Les Israéliens ont remplacé mon rêve de voir Al-Aqsa par ce rêve-là.

[On entend des cris.]

Mon cousin à côté de moi me dit qu'il y a un drone au-dessus de nos têtes depuis au moins dix minutes et que s'il vient ici, c'est peut-être parce que nous parlons ensemble. Il est plus prudent de s'arrêter. S'il vous plaît, écrivez cela. Nous ne sommes pas des animaux. Nous sommes des êtres humains. Merci.

Nous avons pu reparler brièvement à Ahmed après cet entretien au mois de novembre. Sa famille a pu quitter la bande de Gaza, mais lui a décidé de rester. « Ce n'est pas le moment, dit-il laconiquement. Cette guerre sera sans doute très longue. On vient de passer la première phase. Peut-être quand je serai épuisé, quand on sera à la phase trois ou quatre du conflit, peut-être que j'irai me mettre à l'abri en Égypte. »

En Cisjordanie[1]

Anwar Abou Eisheh

Anwar Abou Eisheh a 72 ans et c'est dans sa ville natale de Hébron en Cisjordanie qu'il a choisi de passer le plus clair de sa retraite, mais pas seulement. Avec une pointe d'accent arabe, il nous explique, dans la langue de Molière, qu'il anime par ailleurs l'association d'échanges culturels Hébron France. Cet homme affable et souriant a été ministre de la Culture pour l'Autorité palestinienne entre 2013 et 2014. Anwar Abou Eisheh se dit fier d'appartenir à ce peuple, et œuvre pour montrer la richesse culturelle et patrimoniale de cette région. Transmettre, se battre pour valoriser l'image des Palestiniens, mais aussi parler du droit qu'il enseigne toujours à l'université Al-Qods, dans la ville d'Abou Dis, tout près de Jérusalem. Anwar Abou Eisheh se dit très attaché à la terre. Mais cette terre, où est-elle ? Où commence-t-elle et où s'arrête-t-elle ? Il

1. Lire le poème de Samih al-Qâssim, « Le voyageur », *La poésie palestinienne contemporaine*, traduit par Abdellatif Laâbi, éd. Le temps des cerises, 2002.

n'y a aucune contiguïté territoriale entre la Cisjordanie, où il se trouve, et Gaza.

C'est depuis le salon de son domicile à Hébron qu'il nous parle. Cette ville est l'exemple le plus criant du sort réservé à celles et ceux qui subissent la colonisation. Intimidations par les colons, arrestations par les militaires chargés de défendre la population juive dans la ville qui abrite le tombeau des Patriarches, régime d'exclusions qui confinent souvent à l'absurde ou au cruel. Plusieurs rues, notamment dans le centre-ville, sont réservées aux quelques centaines de colons israéliens qui résident non loin de là. Les tensions y sont vives, l'atmosphère oppressante, l'ambiance étouffante, le malaise évident tant les discriminations à l'encontre de la population palestinienne sont assumées. Ici, le droit international est absent. Entretien réalisé le 1er novembre 2023.

Je me sens très mal. Parce qu'il y a eu beaucoup de victimes, des deux côtés d'ailleurs, parce que, nous, Palestiniens des territoires occupés, et même de l'intérieur[2], nous vivons actuellement une peur, une peur des colons, et une énorme tristesse pour ce qui se passe à Gaza. On est vraiment très inquiets. On ne peut pas bouger, on est encerclés dans les localités palestiniennes. On est harcelés, on ne se sent pas en sécurité. Cela concerne tous les gens autour de moi, tous, que ce soit la famille ou les amis, on est tous dans la même situation.

Le 7 octobre, j'ai été très étonné de la facilité avec laquelle des gens du Hamas sont entrés. Les murs de

2. L'intérieur est une périphrase pour désigner Israël (NDA).

protection israéliens ont coûté des milliards… Je me suis immédiatement demandé ce qui se passait, et vers quoi on se dirigeait irrémédiablement. Je tiens à rappeler que je suis contre toute violence, quelle que soit sa source et quelle que soit sa destination.

Mais rappelons que par le passé – je fais allusion à 1947, 1948, 1956, et à beaucoup de massacres qui ont été commis par les Israéliens –, la communauté internationale (si tant est qu'elle existe) a eu une réaction très violente, très vite. Militaire aussi. Or, dès le samedi soir, il y a eu des bombardements aveugles qui ont tué des civils. On a subi en quelque sorte une punition collective qui dure depuis la création de l'État d'Israël. Personne ne l'a condamnée sur le moment, n'a osé condamner Israël. Je vise l'Occident. Seulement quelques critiques timides par-ci, par-là. Il y a eu des appels à la retenue. Tel est le langage du Quai d'Orsay. On demande aux deux parties de « la retenue ». Dès le samedi 7 octobre, on a compris qu'il allait à nouveau y avoir ce « deux poids, deux mesures » que nous connaissons depuis longtemps. Le sentiment de cette injustice est terrible.

Depuis le 8 octobre, on vit dans l'inquiétude, la peur et la tristesse. Les agressions des colons sur les routes en dehors des communes et même parfois à l'intérieur des communes palestiniennes se multiplient, et depuis ce jour-là, jusqu'à aujourd'hui, il y a 7 à 10 morts tous les jours chez les Palestiniens en Cisjordanie. Ce dont les médias parlent rarement.

J'ai l'impression que ça va certainement entraîner des changements considérables. Quoi ? Je ne sais pas. Mais j'ai peur que cela renforce le recul de la cause palestinienne.

J'espère que je me trompe. Par exemple, déplacer la population de Gaza vers le Sinaï, c'est un projet dont on parle depuis les années 1950. Est-ce que ça va se réaliser ? Ce serait vraiment catastrophique. Ce serait une deuxième Nakba, un deuxième 1948. On a peur.

En tout cas, ce qu'on constate, nous, dans notre vie quotidienne, c'est une cohésion encore plus forte entre les colons et les soldats en Cisjordanie. Il ne faut pas oublier que nous avons 6000 prisonniers dans les geôles israéliennes. Ils sont pratiquement injoignables. On sait qu'ils ne reçoivent qu'un seul repas par jour. On leur a retiré leurs matelas, leurs coussins, on les frappe quotidiennement et ils n'ont plus le droit à la promenade. Personne n'arrive à leur rendre visite ! Même la Croix-Rouge internationale, on dirait qu'elle n'a pas le temps d'aller les voir.

Les hommes politiques n'ont jamais eu la vraie volonté de trouver une solution juste à la cause palestinienne. Depuis 1948 nous sommes en lutte. Nous avons essayé d'arriver à une solution par la lutte armée, par la lutte non-violente, par les négociations, par les accords d'Oslo, par tous les moyens… Mais la communauté internationale ne respecte que le fort et le fort dans cette histoire, c'est Israël et ses alliés. Ce sont les États-Unis qui dominent le monde. Joe Biden dit que si Israël n'existait pas, il aurait fallu l'inventer. Son ministre des Affaires étrangères, Antony Blinken, vient le lendemain du 7 octobre et dit : « Je suis ici en tant que juif, et pas en tant qu'américain »… Un ministre des États-Unis ! Est-ce que les Palestiniens sont en train de faire la guerre contre les États-Unis ? Et Ursula von der Leyen, qui se présente en soldate et qui exprime un soutien illimité… elle est presque plus israélienne que les

Israéliens, alors qu'elle est la présidente de la Commission européenne ! Le monde est divisé entre l'Occident et les autres. Vraiment, quelle déception !

Je ne veux pas ressentir de haine. Je fais la guerre à la haine. Moi, je veux obtenir des droits. Je veux que le droit soit appliqué. Mais il y a des moments où… où ça chauffe dans ma tête. Quand on voit ces responsables occidentaux parler de droit humanitaire en Ukraine, ils ont l'air très bienveillant. Quand il s'agit des Palestiniens, rien de tout cela. Ils sont des animaux pour eux. Ça nous fait mal. Vraiment.

Je suis français à part entière. J'ai beaucoup plus d'amis en France qu'en Palestine. Mon problème en France est que je suis vu comme le Palestinien. Et ici en Palestine je suis le Français. Mais je fais la distinction entre le peuple et le régime qui le gouverne.

Gaza, c'est d'abord une terre de patrimoine culturel et historique[3]. C'est une partie intégrante de la Palestine. Mais Gaza est surtout, plus que d'autres lieux, un endroit de souffrance depuis 1947-1948. À partir de cette date, Gaza était sous régime égyptien jusqu'en 1967, la répression était totale. Un communiste, on l'amenait dans le cachot au sous-sol. Et depuis 1967, Gaza est un laboratoire israélien en matière d'occupation. Sharon, en 1968-1969, a transféré des centaines de familles dans la vallée du Jourdain. Je me souviens que dans ma classe, il y avait des gens de Gaza qui ont été déportés en Cisjordanie. Donc, pour moi, Gaza c'est surtout le symbole du droit au

3. Harriet Sherwood, *A painter, a poet, a novelist : the artists being killed in Gaza*, *The Guardian*, 13 novembre 2023.

retour. Au moins 70 % des Palestiniens de Gaza sont des réfugiés qui ont été expulsés de chez eux.

Le 7 octobre, il n'y a pas que des membres du Hamas qui sont entrés, il y a beaucoup de gens en civil qui se sont introduits pour commettre des vols. Les réfugiés de Gaza sont des gens qui viennent des alentours de Gaza.

Il y a une semaine, une journaliste m'a posé la question : « Est-ce que vous condamnez le Hamas ? »… ou quelque chose comme ça. Je lui ai répondu : « Nous sommes tous Hamas aujourd'hui ! » Alors que moi je ne voterai jamais de ma vie pour le Hamas. Je ne voudrais pas vivre sous le régime du Hamas. Mais j'étais sincère, aujourd'hui nous sommes tous Hamas, devant tous ces morts, et toutes ces souffrances à Gaza à cause des attaques et de cette campagne de haine contre le peuple palestinien ! La réalité du moment est révoltante, voir tout ce monde contre le peuple palestinien. Toutes ces bombes, tous ces avions, ces porte-avions qui sont à la porte de Gaza, mais enfin ?! Et puis Gaza, enfin, ce sont des amis, des frères, des sœurs, c'est nous, c'est le peuple palestinien.

Israël, c'est un phénomène, un prix que les Palestiniens ont payé… Israël, c'est un fait accompli, voilà. Dieu a voulu que la Palestine soit choisie par ce mouvement sioniste, alors qu'il y avait d'autres lieux, on le sait, mais ils sont là. Il faut composer avec.

J'insisterai toujours sur le fait qu'on ne peut pas parler du 7 octobre sans parler de tout ce qui s'est passé avant. D'autant plus que les massacres du peuple palestinien par les Israéliens ont vraiment été très nombreux.

Toute la communauté internationale, surtout l'Occident, est persuadée que le Hamas ce sont des gens qui coupent la tête des bébés. Je crois que c'est faux, qu'ils violent les femmes, je crois que c'est faux, qu'ils ont détruit des maisons, je crois que c'est faux. Il faut enquêter. Évidemment, je suis contre la mort de qui que ce soit.

Maintenant, à la guerre comme à la guerre. Les Israéliens sont en train de fabriquer des choses qui ne se sont pas passées. Sur l'histoire des têtes coupées, Biden lui-même s'est rétracté. D'après des témoignages de certains Israéliens, le Hamas ne se comportait pas si sauvagement. Mais ils ont tué, et j'espère qu'il y aura des journalistes d'investigation qui enquêteront et apporteront des preuves. Mais, encore une fois, je ne suis pas d'accord politiquement avec le Hamas, sur rien du tout, je suis laïque et ils sont religieux, ça nous sépare.

La mort en face

« Je promets et je jure d'être fidèle aux lois de l'honneur et de la probité.
Mon premier souci sera de rétablir, de préserver ou de promouvoir la santé dans tous ses éléments, physiques et mentaux, individuels et sociaux.
Je respecterai toutes les personnes, leur autonomie et leur volonté, sans aucune discrimination selon leur état ou leurs convictions. J'interviendrai pour les protéger si elles sont affaiblies, vulnérables ou menacées dans leur intégrité ou leur dignité. Même sous la contrainte, je ne ferai pas usage de mes connaissances contre les lois de l'humanité.
[...]
J'apporterai mon aide à mes confrères ainsi qu'à leurs familles dans l'adversité.
Que les hommes et mes confrères m'accordent leur estime si je suis fidèle à mes promesses; que je sois déshonoré(e) et méprisé(e) si j'y manque. »

Hippocrate, *Serment d'Hippocrate*[1].

1. *Le serment d'Hippocrate*, Conseil national de l'Ordre des médecins, 22 mars 2019.

Michal Evin-Elad

Michal Evin-Elad dirige le service des enquêtes médico-légales de la police israélienne. Sa terrible mission, son « fardeau » a consisté à identifier les 1 200 victimes des meurtres commis le 7 octobre 2023 par le Hamas. Partager l'angoisse des familles israéliennes dans l'attente d'une confirmation de décès est « la pire expérience de sa vie ». Sa mission fut longue et moralement épuisante. Les derniers corps ont été identifiés cinquante-trois jours après le pogrom. Elle a dû mobiliser tous les médecins légistes d'Israël, 160 personnes au total, pour se consacrer à cette tâche 24 heures sur 24 durant près de huit semaines. Âgée d'une cinquantaine d'années, Michal n'est pas vraiment une personne facile à impressionner. En vingt-quatre ans de carrière, elle a étudié des centaines de scènes de crimes et de catastrophes naturelles. Celle qui se décrit comme « solide, joyeuse et enjouée », peine à surmonter cette épreuve, à retrouver une vie normale avec ses équipes et sa famille. Elle accepte pourtant très vite de témoigner car elle tient à défendre le travail de ses équipes et parce qu'il est inimaginable pour elle que l'ampleur et la nature du pogrom puissent être niées ou relativisées.

Nous avons eu deux problèmes principaux. D'une part, l'état des corps : certains décapités ou mutilés, pour lesquels il manquait le dossier dentaire, certains démembrés, sans mains, ce qui nous empêchait d'obtenir des empreintes digitales. D'autre part, la dispersion des corps : des centaines trouvés dans le désert au sud d'Israël, mais tardivement, ils étaient trop détériorés pour en révéler l'ADN. Ce n'est pas tout. Certains corps étaient tellement brûlés qu'il ne restait que des cendres, ils ont donc dû être transférés à l'Institut médico-légal pour effectuer des scanners afin d'obtenir des informations biométriques. Parfois, c'était juste un doigt ou un ongle. Or il est plus difficile de prélever de l'ADN d'un ongle. Sur place dans le désert, durant plus de trois semaines, des anthropologues et des archéologues ont creusé dans les tas de débris afin de trouver une dent ou une partie d'un squelette et ces traces sont plus complexes à analyser, nécessitent plus de temps et livrent moins d'informations.

Les enquêteurs médico-légaux ont la mission d'identifier les victimes et d'obtenir des informations biométriques, pas de déterminer les causes de la mort, ni de comptabiliser les décapitations, les tortures ou les viols éventuels[2]. Seul le département du renseignement et des enquêtes de la police pourraient vous donner des chiffres fiables. Je ne peux vous parler que de ce que j'ai vu. Des corps brûlés incendiés avec de l'essence. Des corps décapités. Des femmes avec les mains liées. Des tirs à bout portant.

L'un de mes collègues m'a rapporté qu'un bébé était arrivé sans blessure, et qu'il n'y avait pas de cause apparente de la mort. Il a ensuite remarqué que le bébé avait une empreinte de pieds sur la gorge. Cela signifie que quelqu'un a marché sur lui jusqu'à ce qu'il meure. Dans un autre cas, lorsque nous avons envoyé des cendres à l'institut

2. Les autorités israéliennes ne nous ont pas communiqué le nombre de cas de viols avérés. Meni Binyamin, chef du service d'enquête international de la police israélienne, évoque des « douzaines de viols » en cours de vérification dans une interview publiée par *The New York Times* le 4 décembre 2023. Le même jour, devant la mission israélienne aux Nations unies, la cheffe de l'unité d'enquête criminelle « Lahav 433 », Yael Richert, diffuse le témoignage d'une survivante de la rave party affirmant avoir assisté au viol collectif d'une femme israélienne.

médico-légal, nous avons découvert qu'il s'agissait de deux corps reliés par le feu, probablement un adulte et un enfant.

Nous avons aussi perdu un officier de police scientifique le 7 octobre. Je l'ai appelé le matin pour lui demander ce qui se passait, il se dirigeait vers le festival de musique de Réïm. Dans l'après-midi, nous avons compris qu'il avait été tué après avoir tenté de se frayer un chemin vers les lieux. Nous n'avons même pas eu le temps de le pleurer, car simultanément nous avons réalisé qu'il y avait probablement plus de 100 victimes et qu'il fallait mettre en œuvre les protocoles d'identification des victimes de catastrophe. Nous avons également discuté de l'endroit le plus approprié pour ouvrir la morgue mobile.

Pendant les deux premières semaines de travail, je ne pouvais pas regarder la télévision ou lire un journal. C'était suffisamment horrible de devoir identifier un ami, un collègue de travail. Mais il était important pour moi de voir sa dépouille pour dire à sa famille, à ses amis et à ses collègues, qu'on lui avait tiré dessus, que son corps n'avait pas été mutilé et qu'il s'était battu avant de mourir.

Au bout de dix jours, nous avons obtenu les informations biométriques de plus de 800 victimes. Nous avons travaillé en trois équipes tournantes, mais il n'est pas possible de travailler 8 heures et de rentrer chez soi. Je voulais simplement faire mon travail de manière professionnelle. Les choses que nous avons vues sont inimaginables.

J'avais déjà travaillé sur de grandes catastrophes naturelles, comme des incendies qui font de nombreuses victimes, ou des scènes de guerre durant 24 ans. Nous avons des protocoles si un avion s'écrase ou si un bus a un accident. Quand vous allez sur une scène de crime classique, c'est plus facile parce que vous vous préparez, vous savez à quoi vous attendre, vous savez s'il s'agit d'un meurtre ou d'un double meurtre, vous savez s'il s'agit d'une fusillade ou d'une agression à l'arme blanche. Là, le pire est d'avoir été surpris. Il y avait des centaines de sacs mortuaires qui arrivaient, et à chaque fois que vous ouvriez un sac, vous ne saviez pas ce que vous alliez trouver. J'ai vu le pied d'une femme sortir du sac, et j'ai tout de suite compris qu'il s'agissait d'une personne âgée, parce qu'il ressemblait à celui de ma grand-mère. Ces images restent gravées dans ma mémoire. Il y a des petits sacs et vous ne savez pas s'il contient un enfant ou un membre.

Au début de la crise, je suis restée sur le camp de Shura, où arrivaient les corps, durant 24 heures d'affilée. Puis j'ai réalisé que je devais dormir parce que je n'allais pas être en mesure d'encaisser tout cela. Je suis rentrée à la maison et j'ai dit à mon mari : « Écoute, à partir de maintenant, tu vas devoir t'occuper de toute la famille, je ne suis plus là. » J'avais besoin de ce soutien à la maison parce que je n'étais pas dans mon état normal. Je n'avais plus la patience d'entendre des choses banales. Je ne voulais pas savoir si mon enfant avait fait ses devoirs ou pas. Nous essayons tous maintenant de récupérer, de reprendre une vie normale, de passer du temps avec nos familles. C'est très difficile. La charge mentale est très élevée. Parmi les enquêteurs médico-légaux, certaines personnes sont épuisées. Lorsque je voyage et que je rends visite à des unités du Sud, je vois la tristesse et la mélancolie dans leurs yeux et je sais que ces personnes ne seront probablement pas en état de poursuivre leur travail.

J'ai commencé à entendre les histoires des survivants et toutes ces choses horribles qui se sont produites seulement deux semaines après les événements. Et bien sûr, cela a un effet sur moi, personnellement, sur ma façon de penser et de voir l'avenir, mais ce n'est pas la question ici. Pour moi, ce qui compte aujourd'hui, c'est que le monde sache ce qui s'est passé en Israël le 7 octobre 2023.

Docteur Ala' A. Shatali

Suite au déclenchement des opérations, très rapidement après le 7 octobre, les hôpitaux de Gaza sont devenus un sujet d'inquiétude. Le siège total décrété par Israël a tout de suite fragilisé un système hospitalier sursollicité en période de guerre. L'ampleur inédite de la campagne de frappes sur des zones densément peuplées a provoqué un afflux de blessés et de mourants auquel les installations médicales de l'enclave, déjà fragilisées par des années de blocus, ont bien du mal à répondre. Pas assez de soignants, pas assez de lits, pas assez de produits anesthésiques, pas assez d'électricité. Comment soigner dans l'insécurité ?

Les autorités israéliennes sont persuadées que les factions palestiniennes utilisent ces installations civiles à des fins militaires. L'article 19 de la 4e convention de Genève de 1949 est invoqué. Dans ce texte fondamental du droit international humanitaire, il est clairement écrit que la protection des hôpitaux cesse dès lors qu'ils sont utilisés pour « commettre [...] des actes nuisibles à l'ennemi[3] ».

3. *Les conventions de Genève du 12 août 1949*, Comité international de la Croix-Rouge.

L'attention des militaires israéliens se concentre notamment sur le plus grand complexe médical de la bande de Gaza, l'hôpital Al-Shifa. Ils affirment que le site abrite le quartier général des responsables du Hamas. L'État hébreu fait circuler une animation visuelle en 3D qui montre un assemblage complexe de bureaux et de tunnels utilisés sous l'hôpital.

Quelques jours avant qu'ils n'investissent l'emprise et ne la vident d'une vaste majorité de ses occupants, nous avons joint le médecin responsable du triage dans le service des urgences à l'hôpital Al-Shifa, le docteur Ala' A. Shatali.

La connexion est mauvaise. Ses propos sont parfois inaudibles. Le médecin nous explique qu'il est, par mesure de sécurité, assis par terre pour nous parler, car des balles traversent parfois les vitres de l'établissement. Nous lui demandons de nous décrire la situation. Entretien réalisé le 11 novembre 2023.

C'est indescriptible, c'est un désastre. Maintenant, nous n'avons plus de carburant. Les principaux générateurs sont coupés. Seuls de petits générateurs secondaires continuent de tourner. L'administration a décidé de couper l'électricité dans tous les bâtiments sauf un. La moitié des salles d'opération fonctionne et l'autre moitié est fermée. Le service des urgences manque également d'électricité. L'unité de soins intensifs a dû tout arrêter, couper l'alimentation électrique. Nous devons donc déplacer certains de nos patients dépendants d'aide respiratoire vers d'autres services du département des urgences.

Avant, nous avions plus de 1 500 patients. Je pense qu'après l'évacuation de certains d'entre eux vers l'Égypte et hors de Gaza, nous en avons probablement environ 700 aujourd'hui. Quant au personnel médical, nous en avions plus de 2000. Aujourd'hui, nous en avons moins de 100, entre le personnel médical, les médecins, les chirurgiens, les infirmières, les kinésithérapeutes et l'administration.

Honnêtement, nous n'avons plus qu'une seule salle ouverte pour les opérations de sauvetage. Les autres ne sont pas programmées en raison de la perte de l'alimentation électrique, des fournitures médicales et de la pénurie de personnel médical. Cela signifie que nous ne pratiquons que la chirurgie de survie. Cela signifie que des patients auront beaucoup de complications, des infections. Pour certains, nous savons que nous devrons malheureusement les amputer.

J'ai étudié aux États-Unis, j'ai travaillé à l'hôpital Al-Makassed à Jérusalem et dans d'autres pays. Je n'ai jamais rien vu de tel. En tant que responsable du triage, je vois tout le monde passer. La plupart des victimes ont des blessures très lourdes, et du shrapnel. Nous avons plus de 30000 personnes blessées et plus de 11000 victimes tuées par les frappes aériennes israéliennes. Et malheureusement, 40% sont des enfants. J'ai vu des enfants brûlés à mort. C'était un désastre, un génocide. Je n'ai jamais, jamais, jamais vu cela nulle part dans le monde, même dans la pire des catastrophes naturelles.

Je ne sais pas pourquoi l'armée israélienne se concentre sur Al-Shifa… Il faut leur demander… Et ils bombardent tous les hôpitaux. L'hôpital Al-Quds, l'hôpital de la Croix-Rouge, et l'hôpital indonésien. Je ne comprends pas leur logique. Forcer les gens à quitter Gaza-ville et évacuer tous les hôpitaux? Posez-vous la question suivante: Qui au monde accepterait une chose pareille?

Comment se fait-il que tous ceux qui nous pointent du doigt tout le temps, qui nous donnent des leçons au Moyen-Orient, qui parlent de démocratie, de droits de l'homme ne dénoncent pas cela ? Où est la communauté internationale ? Je ne parle pas des gouvernants. Je ne parle pas non plus au nom du personnel médical. Je vous parle en tant qu'être humain. Je suis un homme qui a trois enfants. Je ne peux pas aller les voir. Je ne peux même pas les appeler. Comment se fait-il que le monde puisse écouter ces histoires, les entendre, les voir sans condamner ? J'ai été surpris de constater que tous les pays occidentaux, même la France, dont nous pensons qu'elle est si amicale avec le peuple palestinien, depuis de Gaulle, Mitterand et notre ancien président Yasser Arafat – que Dieu ait son âme… –, comment se fait-il qu'ils soient silencieux, et alignés avec l'Allemagne, la Grande-Bretagne sur les dirigeants américains ? J'ai vu cela aux informations au début de l'agression israélienne contre Gaza. Et je me demandais ce que j'allais dire à mes enfants quand ils me demanderont pourquoi la France, la Grande-Bretagne, les États-Unis – d'accord, les États-Unis, nous pouvons dire que ce sont des menteurs –, mais les autres pays, comment acceptent-ils d'être d'accord avec les Israéliens pour faire ce génocide ? Est-ce que dans vos pays vous ne voyez pas ce qu'il se passe à Gaza ? La cécité, l'aveuglement. Ou deux poids, deux mesures. Un être humain est un être humain, d'où qu'il vienne. Les enfants palestiniens, les enfants français… sont tous des enfants. On ne demande jamais à un enfant, à sa naissance, quelle est sa nationalité. Je suis médecin. Je suis prêt à soigner n'importe qui, n'importe quel enfant, n'importe quel blessé, quelle que soit sa nationalité. Comment expliquez-vous que personne n'arrête ce qui nous arrive ? Pouvez-vous répondre à cette question ?

Pendant que nous parlons, il y a beaucoup de tirs. Malheureusement, je crains qu'il ne soit trop tard pour nous. Un président comme M. Macron ne devrait pas demander la fin des bombardements. Il devrait l'exiger. De même qu'il les a soutenus au début, il devrait maintenant exiger que ça s'arrête. Sinon, nous perdrons 10 000 personnes de plus, des innocents, des enfants. En tant que Palestinien, ce que j'attends, ce que je souhaite, c'est vivre dans un État indépendant de Palestine, avec Jérusalem-est pour capitale, libre, en sécurité et dans la dignité avec les autres peuples de la région. Je pense qu'il s'agit là d'un droit humain simple et fondamental.

Pendant plusieurs jours nous n'avons plus aucune nouvelle du docteur Ala' A. Shatali.

Le 20 novembre, il nous écrit ceci :

Pardon, je ne pouvais pas répondre à vos messages, car j'étais coincé à Al-Shifa. Les Israéliens ont coupé l'électricité et les télécommunications dans toute la zone de l'hôpital. Ensuite, ils ont encerclé l'hôpital avec des chars pour empêcher qui que ce soit de bouger ou de sortir. Ils ont également coupé l'eau jusqu'à samedi dernier. Ils nous ont alors forcés à évacuer. Toutes les équipes médicales, tous les civils et les patients qui pouvaient marcher. Seuls les patients invalides et les bébés en néonatalogie sont restés. Cinq membres de l'équipe, dont le directeur de l'hôpital, sont restés avec eux jusqu'à ce qu'une organisation internationale les aide à sortir. Trente enfants, en réalité des nouveau-nés, ont été évacués dimanche. Jusqu'à maintenant il y a environ 120 patients incapables de marcher qui sont encore à Al-Shifa. À présent, je n'ai pas d'autre choix que de quitter ma maison à Gaza-ville pour me diriger vers le sud et aller dans le camp de réfugiés de Nuseirat, dans le centre de la bande de Gaza, pour rejoindre mes enfants chez leur grand-mère.

Tanya Haj-Hassan

Tanya Haj-Hassan est la porte-parole occidentale de nombreux médecins et personnels soignants de la bande de Gaza. La pédiatre jordano-américaine nous parle depuis Toronto, mais son cœur est à Gaza, où elle se rend une fois par an depuis une décennie. Elle dort très peu et tente de retenir ses larmes en évoquant les conditions de travail de ses collègues palestiniens. Elle a créé l'association « Les voix des médecins de Gaza », qui leur permet d'être entendus en dehors de tout cadre politique. Entretien réalisé le 22 novembre 2023.

Le 7 octobre, lorsque je me suis réveillée, et que j'ai vu les dernières nouvelles, mon cœur a sombré. J'étais évidemment très triste pour les victimes. Très surprise que cela soit possible. Et puis ma deuxième réaction a été d'angoisser pour mes amis parce que j'ai vite pensé aux représailles.

À l'heure actuelle, je sais qu'au moins 27 hôpitaux de la bande de Gaza ont été mis hors service. Seuls neuf fonctionnent partiellement. La bande de Gaza compte des experts de classe mondiale en chirurgie de guerre, mais ils n'ont plus les ressources nécessaires.

D'habitude, en temps de guerre, vous devez faire le tri et ne pas réanimer ceux qui ont moins de chance de survie. Mais vous ne les laissez pas mourir dans un coin. Vous les soulagez de leurs souffrances, vous leur donnez de la morphine, vous contrôlez leur douleur. Là c'est impossible. Je ne peux pas imaginer être un médecin dans cette situation.

Avec les bombardements, il y a des blessures causées par les morceaux de métal qui pénètrent dans le corps, d'autres qui surviennent lorsque le corps est propulsé ou lorsqu'il est écrasé sous un bâtiment et enfin les blessures dues au feu, aux brûlures, à l'inhalation de fumées, à la chaleur. Nous parlons donc de blessures qui nécessitent des amputations et des transfusions sanguines massives. Les brûlures très étendues sur 40 à 70 % du corps sont très dangereuses et peuvent conduire à la mort si vous ne pouvez effectuer des soins médicaux importants, ce qui est le cas de la plupart des hôpitaux. Les brûlures, les amputations, les lésions internes du corps que l'on ne voit pas à l'extérieur, les lésions du cerveau et des poumons, les hémorragies pulmonaires, les lésions causées par l'explosion elle-même ont du mal à être traitées. Lors de blessures par écrasement, lorsque vous restez longtemps comprimé, les muscles de votre corps libèrent des substances dans le sang qui peuvent entraîner une insuffisance rénale nécessitant la mise en place d'une dialyse. Et nous savons que cela est devenu impossible dans la bande de Gaza.

Pour toutes les blessures que je viens de décrire, les amputations, les brûlures ou les démembrements, ce que vous feriez immédiatement normalement, c'est contrôler la douleur. Puis, en fonction de l'état de santé de la personne, vous pourriez l'endormir et la placer sous respirateur pour pouvoir pratiquer des interventions chirurgicales. Si vous êtes à court de kétamine et de morphine, vous avez les mains liées. Et si vous devez pratiquer ces opérations qui sauvent des vies, vous devez être « inventif » et le faire en causant le moins de souffrance possible.

Pour les patients qui survivent, à qui l'on doit par exemple retirer des couches de peau avec des niveaux de stérilisation élevés, pour qu'elle ne s'infecte pas et que le patient ne développe pas de contractions définitives, les conséquences seront dramatiques. Certains ne pourront plus étendre leurs bras ou leurs doigts ou bouger les hanches pour marcher. D'autres finiront par subir des opérations chirurgicales défigurantes qui pourraient affecter leur capacité à avaler, à voir ou à respirer.

En plus de toutes ces blessures lourdes, il y a aussi des épidémies de maladies infectieuses, des maladies diarrhéiques et d'autres qu'on ne peut pas confirmer faute de tests, mais on soupçonne une épidémie de choléra. C'est pourquoi certains médecins se sont rendus dans des écoles de l'ONU où se trouvent des réfugiés pour y mettre en place de minuscules cliniques.

Je sais qu'à l'hôpital Al-Shifa, des patients sont morts juste à l'extérieur parce que les ambulances qui devaient les amener ont été prises pour cibles par des Israéliens[4]. Je sais que sur la route du nord au sud, la « route de la mort », il y a des personnes blessées par balle qui ne peuvent pas

4. Le porte-parole du ministère de la Santé de la bande de Gaza, Ashraf al-Qudra, affirme que 60 ambulances ont été victimes de tirs de l'armée israélienne, chaîne *Al-Jazeera*, 27 novembre 2023.

être évacuées. Des collègues m'ont dit que des membres de leur famille blessés n'ont pas pu être évacués par la Croix-Rouge parce que chaque fois que les ambulances essayaient de s'approcher, elles étaient visées.

Dans la religion musulmane, les personnes sont enterrées dans les 24 heures qui suivent le décès. Le problème, c'est qu'il faut pouvoir identifier le corps. Or, certains sont soit très défigurés, soit n'ont pas de famille survivante pour les identifier. Ces corps ont donc dû être conservés plus longtemps. À l'hôpital Al-Shifa, sans électricité, il a fallu avoir recours aux camions réfrigérés qui transportent le poulet congelé. Lorsque l'hôpital a été assiégé, ils n'ont même pas pu quitter l'hôpital avec les corps pour les enterrer. J'ai donc cru comprendre qu'ils avaient creusé une fosse commune dans le jardin de l'hôpital.

Il y a eu au moins 80 à 100 autres corps qui n'avaient pas encore été enterrés, qui se décomposaient dans l'enceinte de l'hôpital et qui représentaient une menace très sérieuse d'épidémie. Il en va de même pour les corps qui se trouvent autour de certaines routes inaccessibles ou sous des bâtiments et qui ne peuvent être récupérés. L'un de nos collègues palestiniens a dit un jour : « J'aurais préféré voir mes proches mourir au début de la guerre parce qu'au moins ils auraient eu un enterrement digne. »

Les personnels soignants font aussi partie des victimes. Officiellement près de 200 soignants ont été tués à la date du 20 novembre 2023. Je connais personnellement deux infirmières qui ont été tuées à l'hôpital Al-Shifa. À l'heure où je vous parle, trois médecins, dont deux travaillant pour MSF, viennent d'être tués à l'hôpital Al-Awda, l'un des derniers à fonctionner encore au nord de Gaza.

Le Bureau de la coordination des affaires humanitaires des Nations unies publie des chiffres similaires à ceux du ministère de la Santé géré par le Hamas. Lors des précédentes guerres dans la bande de Gaza, les chiffres du Hamas ont été assez précis, voire sous-estimés. Je connais les personnels soignants qui identifient ces personnes comme mortes. Ils ne comptent que le nombre de corps qu'ils peuvent identifier et auxquels ils peuvent donner un nom, une date de naissance et un numéro d'identification. Je pense donc que ces chiffres sont crédibles. Je pense que les mettre en doute a des implications très sérieuses. Beaucoup de civils estiment qu'on leur refuse une existence en tant que Palestiniens. Le fait de leur refuser cette existence même jusque dans la mort est moralement très problématique.

Quant à l'accusation israélienne concernant un éventuel centre de commandement du Hamas sous l'hôpital Al-Shifa, elle a été formulée à maintes reprises en 2008, 2009, 2014, 2021. Imaginons qu'il y ait une activité militaire à partir de cet hôpital, quelle est la justification des attaques contre les hôpitaux Al-Awda, Al-Ahli, l'hôpital indonésien, l'hôpital anticancéreux koweïtien, l'hôpital pédiatrique Al-Rantissi, l'hôpital ophtalmologique, le seul hôpital psychiatrique de la bande de Gaza ? Ils ont été visés. Il n'y a aucune justification à la destruction du système de santé et de l'infrastructure sanitaire d'une population civile entière.

En tant que médecin, je suis très inquiète de voir les centres de soins, les ambulances, les médecins, les infirmières pris pour cibles. Nous avons donc franchi une ligne rouge. Si le monde reste silencieux, cela signifie qu'elle pourrait être franchie ailleurs.

« Hatufim » – les otages

« Alors pour le fils d'Israël, nous avons écrit ceci
Voici, qui tue quelqu'un
Qui n'a tué personne ni semé de violence sur terre
Est comme s'il avait tué tous les hommes.
Et qui en sauve un
Est comme s'il avait sauvé tous les hommes. »

Coran, sourate 5,32
(Traduction : André Chouraqui, Robert Laffont, 1990)

Gershon Baskin

Gershon Baskin est l'homme qui a négocié avec le Hamas la libération du soldat franco-israélien Gilat Shalit durant cinq ans entre 2006 et 2011. Posé, souriant, énigmatique, il quitte rarement son appartement de Jérusalem d'où il entretient un réseau de relations informelles impressionnant dans le monde entier et notamment à Gaza. Il n'est pas officiellement chargé des négociations en vue de la libération des otages israéliens, mais il ne s'interdit pas d'y apporter sa pierre et il en comprend tous les rouages. Gershon Baskin est aussi un homme blessé, qui se dit trahi par certains de ses interlocuteurs au sein de la direction du Hamas. L'avis de ce militant de la paix permet de comprendre comment le dossier est géré dans un pays qui a libéré par deux fois dans le passé, en 1985 et 2011, plus de 1 000 prisonniers palestiniens pour obtenir la libération de ses otages. Entretien réalisé le 8 novembre 2023.

Étrangement, le 7 octobre 2023, je me trouvais dans le pays le plus pacifique que j'aie jamais visité de toute ma vie. J'étais au Danemark avec ma femme. Lorsque nous nous sommes réveillés, j'ai ouvert mon téléphone et j'ai vu la guerre. J'ai observé avec incrédulité ce qui se passait. J'ai alors commencé à contacter des personnes du Hamas que je connaissais, tant à Gaza qu'à Doha, pour voir ce qui pouvait être fait, en comprenant qu'il y avait déjà des otages. Dès le 8 octobre, j'ai recueilli des informations sur le nombre de femmes détenues en Israël et sur le nombre de mineurs, et j'ai essayé d'élaborer un accord immédiat, dès que possible, pour échanger des femmes, des enfants et des personnes âgées contre des femmes et des enfants détenus dans les prisons israéliennes.

Mes contacts du Hamas ont mis un certain temps avant d'apporter des réponses sérieuses. Le premier mardi après le massacre, le soir, j'ai appris que Tsahal avait bombardé la maison de Ghazi Hamad, l'un de mes contacts au Hamas. Je l'ai appelé et il me l'a confirmé. Je lui ai posé des questions sur sa famille, mais il n'a rien voulu dire. Je le connais depuis dix-sept ans.

Lors de nos premières conversations, il a nié le pogrom. Il a refusé de reconnaître que le Hamas était responsable.

Je lui ai dit : « Ghazi, tu sais tout. Vous n'avez peut-être pas commis tous les meurtres dans les kibboutz, mais le festival, le festival dc musique, c'était vous. C'était vous à bord de ces véhicules, avec vos mitrailleuses automatiques, vos lance-grenades, vos roquettes antichars, et c'est vous qui avez massacré tous ces gens ! »

Vers le début de la troisième semaine de la guerre, le 25 octobre, j'ai appris que Ghazi Hamad n'était même pas à Gaza. Cela m'a totalement choqué. Parce que vous savez, nous nous parlons régulièrement. Il ne m'a jamais dit qu'il savait que cette guerre était imminente ou que quelque chose se préparait. Il a manifestement été envoyé à Beyrouth trois mois auparavant pour être le porte-parole de la guerre ! Je n'arrivais pas à croire qu'ils avaient fait ça et qu'il n'était même pas présent à Gaza pendant que son peuple était bombardé. Lorsqu'il a publiquement justifié les massacres du 7 octobre 2023, j'ai rompu tout contact avec lui. C'était le 30 octobre.

Je ne savais pas qu'il n'était plus à Gaza lorsque je discutais avec lui. Imaginez ! En septembre, avant ces événements, j'essayais encore de le convaincre de me rencontrer au Caire. J'ai continué à insister jusqu'à ce que, deux semaines avant la guerre, il me dise qu'il n'était pas autorisé à le faire. Nous avions négocié la libération de Gilad Shalit, puis, pendant huit ou neuf ans, la restitution des corps de deux soldats israéliens tués et la libération de deux civils encore vivants détenus à Gaza. Il vient du peuple. Il était ministre de la Protection sociale jadis. Au cours de sa première année au gouvernement, il a écrit un article très critique sur les mauvaises décisions du Hamas qui investissait son argent dans des roquettes plutôt que dans des écoles et des hôpitaux, et il a payé un prix politique pour cela. Il a cru à un moment donné à la possibilité d'une paix, je crois. C'était il y a longtemps.

Sur un plan personnel, je me sens trompé. Je ne sais pas ce qui est arrivé à cet homme, parce qu'il n'est pas la personne que j'ai connue pendant dix-sept ans, à qui j'ai parlé plus d'un millier de fois et qui s'est avérée être un monstre en justifiant ce que le Hamas a fait, et en disant qu'ils le feraient encore et encore et encore. Je pense qu'il est sous l'influence d'autres personnes à Beyrouth. C'est la raison pour laquelle les dirigeants politiques du Hamas, qui sont des millionnaires vivant dans des hôtels cinq étoiles avec des gardes du corps qataris, sont déconnectés de leur peuple et n'ont pas le droit de se considérer comme des dirigeants. Ghazi Hamad est lui aussi tombé dans ce piège.

Sur le plan politique, il a toujours été un représentant de l'ennemi. Je n'ai jamais cru qu'Israël pouvait faire la paix avec le Hamas. Je pensais que nous pourrions avoir un cessez-le-feu négocié à long terme, que le siège de Gaza pourrait être assoupli. J'ai cru, comme presque tout le monde, qu'il y avait des personnes pragmatiques au sein du Hamas qui étaient réellement intéressées par le bien-être de leur peuple. Mais je n'ai jamais pensé qu'on pouvait contenir le Hamas, ou dissuader ses attaques. J'ai toujours dit que nous ne comprenions pas ce qu'était le Hamas. On ne peut pas dissuader quelqu'un qui est prêt à mourir, qui croit que c'est un commandement de Dieu de mourir, d'être un martyr. J'ai toujours affirmé que c'est bien le Hamas qui détermine quand nous nous battons, comment nous nous battons, et combien de temps nous

nous battons. C'est le Hamas qui décidait de tout cela, pas Israël. Israël pense qu'il a le contrôle, mais c'est le Hamas qui l'a toujours eu.

Je sais que les négociations pour libérer les otages ont lieu dans trois endroits, en Égypte, au Qatar et au Liban. Le Hamas a déclaré publiquement qu'il voulait échanger tous les otages israéliens contre tous les prisonniers palestiniens. C'est un accord qu'Israël a beaucoup de mal à accepter, parce qu'il donnerait au Hamas une victoire trop écrasante. Sept mille prisonniers palestiniens en tout ! 30 % d'entre eux sont des membres du Hamas. Seuls 300 à 400 sont originaires de Gaza, les autres de Cisjordanie. Il s'agirait de libérer 559 prisonniers qui ont assassiné des Israéliens et qui sont condamnés à perpétuité. Il y a aussi 130 Palestiniens de Gaza qui ont été capturés à l'intérieur d'Israël le 7 octobre. Que faire de tous ces prisonniers ? Israël va-t-il les relâcher pour les poursuivre, les arrêter à nouveau, les tuer ? Qui sait ?

Il y a surtout ce qu'on appelle un « petit accord ». J'ai poussé mes contacts du Hamas à négocier un accord humanitaire pour les femmes, les enfants, les personnes âgées, les malades et les blessés en échange d'un arrêt temporaire des combats. Israël continue à dire qu'il n'accordera pas de cessez-le-feu tant que tous les otages n'auront pas été libérés, de sorte que ce sont les « petits accords » qui fonctionnent. Il ne fait aucun doute qu'en augmentant leurs déplacements dans la bande de Gaza et autour des zones sensibles, les militaires israéliens recueillent également des informations sur les lieux où pourraient se trouver des otages. La meilleure solution pour Israël serait, bien sûr, de mener des opérations militaires de sauvetage qui soient couronnées de succès. Mais, bien entendu, toute opération militaire pourrait également échouer, ce qui entraînerait la mort d'otages et de soldats.

Gilad Shalit était un soldat qui avait beaucoup de valeur pour eux. Ils ont fixé un prix pour lui et s'y sont tenus jusqu'à la fin. Ils ont fini par obtenir 1 027 libérations. Malheureusement, lorsque vous détenez 240 otages ou plus, tout le monde n'a pas la même valeur et les otages qui sont considérés comme une lourde charge pourraient être éliminés. Nous ne savons pas combien d'entre eux sont en vie et dans quel état ils se trouvent. On peut imaginer qu'ils sont disséminés dans toute la bande de Gaza, non seulement dans les tunnels, mais aussi dans les maisons. Gilad Shalit, par exemple, pendant un an et demi, était dans le sous-sol d'une maison avec une famille vivant au-dessus de lui. Il était bien traité. Il disposait d'une radio et d'une télévision la plupart du temps. Ils l'ont nourri. Au cours de son dernier mois de captivité, il a vomi toute sa nourriture parce qu'il souffrait d'une carence aiguë en vitamine D. Il n'avait pas vu la lumière du soleil depuis cinq ans. Un médecin qui lui avait rendu visite avait dit au Hamas : « Vous feriez mieux de conclure l'accord rapidement, car il va mourir. » C'est l'une des raisons pour lesquelles le Hamas a finalement accéléré les négociations.

Avec 240 otages, c'est une autre histoire. Il y a des enfants en bas âge. Ont-ils de la nourriture pour bébés ? Ont-ils des couches ? Il y a des personnes âgées souffrant de diabète. Ont-elles de l'insuline à leur disposition ? Peut-être que certains otages vont mourir de problèmes de santé qu'ils n'auraient pas eus s'ils avaient été soignés. Il est donc impossible de savoir ce qu'il en est, mais nous pouvons supposer que le Hamas contrôle aujourd'hui tous les otages, ce qui n'était pas le cas au début, qu'ils sont sous le contrôle d'une force spéciale créée pour s'occuper des otages. Ce sont des soldats très disciplinés qui suivent les ordres à la lettre et ceux-ci sont très stricts. Nous pouvons donc supposer qu'ils ne sont probablement pas torturés physiquement et que les femmes ne sont pas violées, même si nous ne sommes certains de rien.

Les premières libérations américaines d'otages sont le résultat direct de la pression américaine sur le Qatar. Le président Biden a mentionné le nom de ces femmes, de la famille Ranan de Chicago. Le Hamas a dû les livrer parce que le Qatar l'a forcé à le faire.

En Israël, un ancien militaire, Gal Hirsch, a le titre officiel de négociateur, mais il ne décide pas grand-chose. Il y a d'autres personnes de la sécurité et de l'armée israélienne, dont un responsable qui est chargé de la partie égyptienne et qui est en contact constant avec la CIA également. Il y a aussi l'ancien chef des services de renseignement libanais, un certain Abbas Ibrahim, général qui est maintenant à la retraite, mais qui a des contacts à la fois auprès du Hezbollah et du Hamas. Il passe beaucoup de temps au Qatar. Il travaille de concert avec un Israélo-Américain nommé Amos Hochstein. C'est lui qui avait négocié pour les Américains les termes de la frontière maritime entre Israël et le Liban. C'est en fait un spécialiste de l'énergie. Il a dirigé le programme Power Africa du président Obama, mais il a aussi établi des contacts très étroits avec ce général libanais. Un épais brouillard entoure l'ensemble du processus de négociation.

Quand j'ai fait libérer Gilat Shalit, quatre des Palestiniens échangés avaient enlevé et tué le cousin germain de ma femme, Sasson Nouriel, en septembre 2005. Yahya Sinwar, le chef du Hamas à Gaza, ennemi public numéro 1 d'Israël aujourd'hui, a aussi été libéré en échange de Gilat Shalit. Sinwar (le cerveau de l'attaque du 7 octobre) a été accueilli à Gaza comme un héros et a fait un discours là-bas en affirmant que sa mission était de libérer tous les prisonniers palestiniens. À chaque discours qu'il fait depuis, il dit qu'il libérera tous les prisonniers palestiniens. C'est la mission de sa vie.

La chose la plus importante pour moi était de ramener Gilad Shalit en vie. Et apparemment, c'était aussi la chose la plus importante pour Benyamin Netanyahou, qui a agi contre sa propre doctrine. Il avait littéralement écrit un livre selon lequel on ne peut pas négocier avec les terroristes. Pourtant 26 ministres de son gouvernement de l'époque ont voté en faveur de l'accord et 80 % de la population israélienne le soutenait. Plus important que de refuser de négocier avec les terroristes : ne laisser aucun soldat derrière nous. C'est le fondement d'une armée populaire. En ce qui concerne les Palestiniens libérés à l'époque, je n'ai rien eu à voir avec leur identité et on ne m'a jamais demandé mon avis. Je n'ai donné aucune liste de noms. Je n'ai pas voté en faveur de cet accord et ce n'est pas moi qui ai pris la décision. J'ai facilité une négociation qui a abouti au retour de Gilad Shalit et j'en suis très fier. C'est l'une des meilleures choses que j'ai faites dans ma vie.

En ce qui concerne Sinwar et ce qui se passe à Gaza depuis, eh bien, tout cela doit servir de signal d'alarme pour le peuple israélien et pour la communauté internationale :

on ne peut pas occuper un autre peuple pendant soixante-seize ans et s'attendre à la paix, ou enfermer plus de 2 millions de personnes dans un territoire comme Gaza avec 80 % de la population vivant sous le seuil de pauvreté, sans aucune liberté, et s'attendre à ce que le calme règne. Si Sinwar et ses acolytes n'avaient pas été libérés, il ne manquait pas de Palestiniens prêts à mourir pour la cause de la libération de la Palestine. Tant que vous maintiendrez les gens dans cette situation et que vous leur refuserez leur liberté, nous aurons des volontaires qui se battront. Et lorsque vous combinez cette idéologie nationaliste avec une ferveur religieuse et une vision déformée de l'islam, selon laquelle le but de la vie est de mourir en martyr, vous obtenez ce qui s'est passé le 7 octobre 2023.

J'ai passé les quarante-cinq dernières années de ma vie à essayer de construire des ponts entre Juifs et Arabes, Israéliens et Palestiniens. Je l'ai fait en tant que fonctionnaire. J'ai dirigé un institut d'éducation pour la coexistence judéo-arabe, soutenu par le gouvernement. Au début de la première intifada, j'ai fondé un groupe de réflexion sur les politiques publiques israélo-palestiniennes consacré à la solution à deux États. Au cours de ces vingt-quatre années, j'ai réuni plus de 2 000 groupes de travail composés d'Israéliens et de Palestiniens professionnels afin de trouver des moyens de faire la paix. J'ai conseillé deux Premiers ministres sur les questions relatives au processus de paix, Rabin et Barak. J'ai aussi rencontré un membre du Hamas lors d'une conférence au Caire. Nous avons tenté d'instaurer un dialogue entre les Israéliens et les membres du Hamas, en 2006. C'est grâce à cette relation que j'ai été appelé à ouvrir une voie entre Israël et le Hamas, une semaine après l'enlèvement de Gilad Shalit en 2006. Lorsque le cousin de ma femme a été enlevé, puis tué en 2005, je n'avais pas pu le sauver. Je m'étais juré, lors de ses funérailles, de faire tout ce qui serait humainement possible pour sauver une vie. Et lorsque j'ai rencontré la famille Shalit, une semaine après son enlèvement, je leur ai juré que je serais à leurs côtés jusqu'au jour où leur fils reviendrait à la maison. Et c'est ce que j'ai fait.

Beaucoup de gens pensent que le camp de la paix est mort, mais, curieusement, je peux parler à presque n'importe qui en Israël ou en Palestine. Ces deux dernières années, j'ai travaillé pour une organisation britannique appelée International Communities Organization, une ONG qui œuvre dans des zones de conflit où les processus de paix ont échoué. Depuis un an et demi, je gère trois canaux secrets entre des Israéliens et des Palestiniens pour ce que nous appelons « le jour d'après », le jour d'après Netanyahou, le jour d'après Abbas. Je parle à des personnes très sérieuses qui ont de l'influence. Ces deux peuples vivent sur cette terre, aucun des deux ne va expulser l'autre et si nous ne reconnaissons pas que nous devons tous avoir les mêmes droits, nous allons continuer à nous entretuer. J'ai donc été un fervent défenseur de la solution à deux États pendant la majeure partie de ma vie. Ces dernières années, j'ai dit que je me moquais d'un État, de deux États, de trois États, de dix États, car ce n'est plus la question. Nous devons d'abord accepter le principe selon lequel nous avons tous les mêmes droits, ce qui signifie que les Israéliens doivent reconnaître que les Palestiniens sont un peuple et qu'ils ont un droit sur cette terre. Les Palestiniens doivent reconnaître la même chose pour le peuple juif israélien, et ainsi nous pourrons commencer à trouver des solutions. Tous les problèmes peuvent être résolus si nous franchissons ce premier obstacle. La paix est nécessaire, mais n'est pas inévitable, donc il faut y travailler activement.

Je ne pense pas que le Hamas sera encore capable de gouverner en menaçant Israël. Je pense qu'Israël peut démolir son infrastructure, capturer et détruire la plupart de ses armes, et tuer la plupart de ses dirigeants militaires et politiques. Mais on ne tue pas une idéologie avec des armes. On tue une idée et une idéologie avec de meilleures idées et une meilleure idéologie. Il faut donner aux Palestiniens une raison de vivre pour la Palestine, et pas seulement de mourir pour elle.

Nakba 2023

« **Avi Dichter :** Nous sommes, en ce moment, en train de dérouler la Nakba de Gaza. C'est la Nakba de Gaza ! D'un point de vue militaire, c'est impossible de mener une guerre telle que Tsahal veut la faire dans la bande de Gaza avec autant de gens entre les tanks et les soldats.
Journaliste : Donc c'est la Nakba de Gaza, Avi Dichter ?
Avi Dichter : Nakba de Gaza version 2023.
Journaliste : C'est comme ça que ça va se terminer ? Ces gens ne vont pas revenir à Gaza-ville ?
Avi Dichter : Je ne sais pas comment la guerre se terminera[1]. »

Rami Aboujamous

Rami Aboujamous est l'un des meilleurs ambassadeurs de la bande de Gaza. D'abord, parce que c'est un endroit qu'il donne l'impression d'aimer profondément. Ensuite, parce qu'il

1. Entretien avec Avi Dichter, ministre israélien de l'Agriculture, ancien directeur du Shin Bet, les services de renseignement intérieurs, chaîne israélienne d'information *Channel 12*, le 12 novembre 2023.

sait la fascination que ce bout de territoire exerce sur n'importe quel visiteur qui s'y rend. Une vie dans un chaos bouillonnant à l'intérieur de 360 kilomètres carrés abîmés par des décennies d'histoire mouvementée, notamment une quinzaine d'années de blocus terrestre, maritime et aérien imposé par Israël avec la complicité du voisin égyptien. Cette dépendance à l'égard de puissances extérieures, principalement l'État hébreu, qui contrôlent presque tout ce qui entre et sort de l'enclave, en font un territoire occupé. Les Israéliens ont quitté la bande côtière en 2005, mais les quelque 2,3 millions de Palestiniens qui y vivent sont encore loin d'être libres.

Gaza est soumise à deux sources d'oppression et de privation de liberté. Deux sources qui, au fil des années, ont fini par nouer dans le sang une sorte d'alliance objective. Le Hamas se nourrit des agressions de l'État hébreu pour alimenter sa légende et bâtir sa réputation en tant que seul organe crédible de résistance armée face à l'occupant. Face à lui, un Premier ministre, Benyamin Netanyahou, qui se présente régulièrement aux électeurs israéliens comme étant le seul rempart à la menace terroriste émanant de Gaza et d'ailleurs. M. Sécurité versus *l'hydre verte dont il a assuré la pérennité en ne faisant que la contenir, et non la détruire, tout en permettant à des sponsors comme le Qatar de la financer. Si de nombreux civils de Gaza ont sans doute peu d'estime pour le parti islamiste qui les gouverne, ils en ont encore moins pour l'État hébreu. Ils vivent sous une double occupation, celle du Hamas et celle d'Israël. Ce monde-là est celui de Rami Aboujamous.*

Pour les journalistes étrangers, il est « fixeur ». Afin de remplir cette fonction en toute légalité, le Hamas doit lui délivrer un permis de travail lui permettant d'occuper cette fonction très particulière. Il organise des rendez-vous avec ses contacts qu'il nous présente, assure des traductions, facilite les déplacements et partage son analyse des situations. Échanger avec des étrangers nécessite de parler une langue qu'ils comprennent. Parce qu'il a passé quelques mois de sa jeunesse en France et qu'il entretient des liens forts avec l'Hexagone, Rami est parfaitement francophone. Entretiens réalisés le 23 octobre et le 9 novembre 2023.

Quelques jours après le 7 octobre et en pleine campagne de frappes israéliennes sur l'enclave, Rami se rend compte qu'il est devenu l'histoire que nous couvrons. Auparavant, il nous accompagnait pour rapporter les histoires des autres. Désormais, il est au cœur du drame. Il en est une partie intégrante. Et il est convaincu de l'imminence de sa mort. Il ne sert à rien de souhaiter à un Gazaoui d'être en sécurité. Aucun civil à Gaza n'est en sécurité. « Il n'y a aucun endroit sûr à Gaza. Aucun. Les écoles de l'UNRWA ont été visées. Les hôpitaux sont ciblés. Tous les quartiers du nord au sud le sont. Les Israéliens ont demandé aux gens dans le nord d'aller vers le sud. Certains de ceux qui sont partis sont morts dans le sud. La famille du journaliste Wael al-Dahdouh est partie de Gaza-ville pour aller se réfugier à Nuseirat. Ses membres sont morts à Nuseirat. Mes amis sont partis à Khan Younès, ils sont morts à Khan Younès. Il n'y a aucun endroit sûr. On attend simplement notre sort. J'espère qu'on va s'en sortir, mais je crois qu'on va tous dire adieu à la vie à tour de rôle. »

Pour illustrer son propos, Rami, la voix pleine de larmes, prend l'exemple de son ami Hani Sakalla : « Il travaillait à la banque. C'était un banquier. Il habitait dans le quartier Al-Rimal à Gaza. Son quartier a été frappé. Il l'a quitté pour aller à Khan Younès. Aujourd'hui, il était avec sa femme, ses enfants, son frère avec ses enfants, sa maman et sa tante. Les Israéliens ont bombardé la maison où ils étaient, à Khan Younès. Hani est mort ainsi que sa femme et leurs trois enfants. C'est horrible. Il a fui Gaza pour partir en paix à Khan Younès… On a le sentiment d'être pris au piège dans une sorte de corrida. La Palestine est le taureau, Israël le matador qui est en train de nous planter des banderilles. Tout le monde regarde ce torero bien habillé en train de tuer les Palestiniens, et applaudit. »

Malgré les tracts de l'armée israélienne avertissant les civils qu'ils doivent fuir Gaza-ville, Rami a choisi de rester avec son fils de deux ans, Walid, et son épouse Sabah. « Le fait de rester n'est pas un suicide. Partir, c'est une mort lente. Et je veux éviter d'être humilié. Lever les mains devant les barrages sur l'avenue Salah ad-Din, faire des kilomètres à pied, rejoindre le sud dans des tentes, c'est l'humiliation totale. Rester, c'est mourir dignement… C'est la décision la plus difficile que j'ai prise de toute ma vie. Je l'assume. Je ne joue pas au héros. Je veux éviter une mort lente et l'humiliation, surtout pour ma femme et mon enfant. Il vaut mieux mourir d'un seul coup, par une piqûre en quelque sorte. » Environ 70 % des habitants de Gaza sont des réfugiés ou leurs descendants sont issus de la Nakba[2]. L'idée de revivre cela en 2023 leur est insupportable.

2. « *Refugee Needs in the Gaza Strip* », United Nations Office for the Coordination of Humanitarian Affairs, *Ocha*, octobre 2018.

Alors que l'armée israélienne est entrée dans Gaza-ville et que l'étau se resserre sur l'hôpital Al-Shifa, présenté comme le quartier général du Hamas, Rami nous adresse ce message : « L'armée d'occupation nous a encerclés, les chars sont autour de nous, ça bombarde trop, trop, trop fort. Je voulais vous dire que j'ai fait et je ferai toujours de mon mieux pour protéger ma famille et surtout pour garder notre dignité… je crois que l'heure de se reposer en paix est arrivée… c'est l'heure de quitter ce monde injuste pour aller où il y a la justice et la paix… peut-être que je n'ai pas pu protéger Walid et Sabah, mais j'espère qu'on va se reposer… Walid comprendra ce que ça veut dire de garder sa dignité… Je voulais vous remercier tous, mes amis, pour votre soutien et amour et je suis désolé si je vous ai déçus… Merci. »

Quelques heures après avoir envoyé ce message d'adieu, Rami est encore vivant. Lui et sa femme se résignent enfin à partir. Un trajet qu'il nous raconte sous la forme d'une note vocale envoyée après leur arrivée dans le sud de la bande de Gaza :

« Tout a commencé dans la nuit entre jeudi et vendredi. Je ne me rappelle plus très bien la date parce que j'ai perdu la notion du temps, mais je crois que c'était à ce moment-là. On était encerclés par les chars. Ils ont commencé à bombarder partout. C'était du jamais-vu. À chaque fois que les Israéliens attaquent, on se dit qu'ils ne peuvent pas être plus violents, mais à chaque fois c'est pire. Nous étions tous rassemblés dans une pièce. Moi, mon épouse Sabah et mon fils Walid. Il y avait aussi deux voisines, deux dames âgées. L'une était sur une chaise roulante et l'autre l'accompagnait. Il y avait également une autre voisine et ses filles. On était à peu près une trentaine de personnes en tout. On s'est tous dit adieu, on pensait que c'était notre dernière nuit. On faisait des prières. Chacun avec sa famille. On se tenait les mains en se rassurant un peu. Mais tout le monde était effondré. C'était très dur. J'ai envoyé des messages d'adieu. Heureusement un nouveau jour s'est levé.

On a émergé vers 9h30. Les chars étaient autour de nous, dans toutes les rues. Moi j'habite à côté de l'hôpital Al-Shifa. Ils étaient également près du centre culturel français. Ils étaient sur ce qu'on appelle le rond-point Haider Abdel-Shafi. Ils étaient aussi près du Etisalat et sur l'axe Abbas.

L'armée nous a appelés sur le numéro de notre voisin, qui s'appelle Mahmoud al-Ghalayini. Une voix au téléphone lui a dit: "On sait que vous êtes dans la tour, Al-Ghayalini, dans le quartier Al-Rimal. C'est l'armée israélienne qui vous parle." La personne s'est présentée comme étant Abou Oday. "On vous donne une demi-heure pour partir. Vous devez prendre des drapeaux blancs et sortir. Vous devez également appeler telle et telle personne dans votre quartier." Il demandait que tout soit coordonné avec les habitants des immeubles en face du nôtre. Donc on a commencé à passer des appels à tout le monde pour les prévenir : "On va sortir, préparez-vous, prenez les drapeaux blancs."

J'ai essayé de les rassurer alors qu'en réalité je n'avais aucune confiance dans les Israéliens. J'ai beaucoup menti. J'ai menti à mon fils, à ma femme, à mes voisins parce qu'il fallait prendre l'affaire en main et donc je commençais à leur donner des conseils, des consignes. Malheureusement, en matière de guerre, j'ai une petite expérience.

Dès qu'on est sortis, on a commencé à essuyer des tirs. Les Israéliens utilisent des drones quadcopters. Une méthode qu'on n'avait jamais vue. Les Israéliens en ont fait usage dans la ville de Gaza afin que leurs soldats n'aient pas à descendre de leurs chars. S'il vous plaît, n'émettez pas les doutes habituels à chaque fois que vous entendez ces récits, en rétorquant que c'est peut-être le Hamas qui nous a tiré dessus. Il n'y avait pas de Hamas, pas de résistance, il n'y avait plus personne. Il n'y avait que l'armée et nous. Je sais que c'est toujours la parole de l'armée contre la nôtre et c'est toujours la parole de l'armée israélienne qui l'emporte parce que cette armée serait la plus humaine du monde, et parce que nous sommes toujours les méchants. Si vous voulez me croire, croyez-moi. Si vous ne voulez pas me croire, c'est comme vous voulez. Il n'y avait pas le Hamas, il n'y avait pas d'affrontement, il n'y avait rien du tout. Écoutez bien les tirs, ils viennent d'une seule direction et du même type d'armes. Ce sont des quadcopters.

Quand ça a commencé à tirer, j'ai décidé de passer le dernier pour couvrir tout le monde, j'ai gardé mon fils à mes côtés pour lui donner un peu de force et de courage. J'ai essayé de faire le clown avec lui. C'était très, très, très dur de faire le clown. On entendait les coups, les tirs. J'ai vu ma femme et les autres se mettre à courir. Ils avaient peur, malgré mes consignes : "Écoutez, l'armée nous a dit de partir, on va entendre des coups de feu comme d'habitude, mais l'armée va tirer en l'air, pas sur nous, soyez rassurés."

Puis j'ai vu notre voisin Ahmed el-Atbach avec son père quand il a été… comment dire… quand il a pris une balle dans la tête. J'entendais son père pleurer. Il pleurait, il pleurait, il pleurait tellement. Le cousin d'Ahmed est arrivé. Il lui a pris la main et a senti qu'il était toujours vivant, il bougeait un peu. Il l'a porté sur son dos. On a avancé et on a trouvé une dame qui s'appelle Sanaa el-Barbari, c'est notre voisine aussi. Tous se sont retrouvés dans la même ligne de mire. Ils étaient côte à côte quand ils se sont fait tirer dessus. Ahmed est tombé, les autres ont pu ramper jusqu'au croisement suivant où ils se sont réfugiés. L'autre dame blessée était avec deux de ses enfants. Ils ont commencé à la faire rouler parce qu'ils avaient peur de rester sur place. Ils ont appelé l'hôpital, qui leur a répondu qu'il n'y avait pas d'ambulance et que la majorité des gens à l'hôpital Al-Shifa étaient en train d'être évacués. Il n'y avait pas de médecin, il n'y avait rien du tout. J'ai vu une autre dame dans un mauvais état… on l'a mise sur une charrette, parce qu'il n'y avait pas d'autre moyen de la déplacer.

Une fois arrivé à l'hôpital, on peut estimer qu'on a fait la moitié du chemin pour se mettre en sécurité. Mais les quadcopters n'ont pas arrêté de nous tirer dessus. Avant, il y avait des milliers de personnes à l'hôpital. Et là, il n'y avait plus personne. Tout le monde était en train de partir. C'était la panique totale. Les gens croyaient que les tirs venaient de snipers, mais il n'y avait pas de snipers. Tout ça venait de quadcopters qui tiraient de partout. Et là, on s'est rendu compte que Gaza est tombée. Ce que vous entendez sur les combats dans Gaza, ce ne sont que des rumeurs, des mensonges. Il faut un peu de temps pour s'en rendre compte, mais, plus on se rapproche du centre et plus on constate que Gaza est tombée. Les Israéliens ne veulent pas se rapprocher trop rapidement, ils mettent volontairement du temps pour arriver. C'est leur manière d'implanter la terreur. Ils ont réussi à implanter la terreur sur toute la ville de Gaza.

Ils nous ont dirigés vers Al-Yarmouk, et c'est là qu'a commencé l'humiliation. L'humiliation de sortir de chez soi, de mourir par terre, de ne pas être secouru, ou de ne pouvoir secourir, de partir sans rien. Je voulais vraiment… l'éviter. [larmes]

On a poursuivi dans la direction d'Al-Yarmouk. On est allés se réfugier chez la famille des voisins qui étaient avec nous. Ils ont un appartement dans un quartier qui s'appelle Al-Jalaa. On a passé la nuit là-bas. Mon épouse Sabah s'est mise à me supplier. Elle n'en pouvait plus d'être dans le nord. Elle me disait qu'il fallait que nous avancions vers le sud. Elle a appris que les enfants de son premier mariage étaient partis vers le sud. Elle m'a dit qu'il fallait qu'elle suive ses enfants et qu'elle ne voulait pas rester dans le nord. On a donc pris la décision de partir à nouveau.

C'est là qu'on est montés dans des charrettes, depuis la rue Al-Jalaa jusqu'au rond-point qu'on appelle Dola. Après Dola, il faut continuer à pied. On a marché à peu près une heure, peut-être plus, je ne me rappelle plus, mais on a beaucoup marché… 3 ou 4 kilomètres, ça use, ça use. [rires]

Puis vient le moment de l'humiliation quand on passe devant l'armée. Les militaires sont à notre gauche, sur la rue Salah ad-Din. Ils sont dans leurs chars. Moi je tiens Walid par la main et deux valises. Sabah est à ma droite. Je tiens aussi sa main parce qu'elle a très peur, elle tremble. Les Israéliens montrent qu'ils sont bien armés. Ils appellent trois ou quatre personnes qui sont à côté de moi. Je ne les connais pas. Ils leur demandent d'enlever leur t-shirt… de se déshabiller et se diriger vers l'armée. Chacun d'entre nous doit lever la main avec sa carte d'identité. Ils exigent ça pour les hommes adultes, pas pour les femmes. Une fois qu'on a dépassé l'endroit où il y a les soldats qui appellent les gens, on peut estimer qu'on est un peu plus en sécurité. En passant dans cette zone-là, il y a des dépouilles partout, à droite et à gauche. Des gens morts à côté de leurs effets, leur matelas, leurs habits, leurs chaussures. Ce sont des gens qui partaient sans doute pour aller se réfugier dans le sud. Ils semblaient morts depuis vraiment longtemps.

Puis, on est arrivés à Wadi Gaza. Là-bas, on a pris une charrette à nouveau. On est arrivés à Nuseirat. Là on a trouvé quelqu'un avec une voiture qui a pu nous transporter. Sur place, on a vu les enfants du premier mariage de Sabah. Heureusement qu'ils étaient là. On a passé deux heures avec eux. On a mangé ensemble. Ils étaient très contents, Sabah aussi. Puis, on a pris une autre voiture. On est allé à Rafah où un ami m'a préparé un appartement.

Quand on est arrivés à Rafah, on a découvert une autre vie. Là-bas, on ne sent pas qu'on est en guerre. C'est vrai qu'il y a pénurie de fioul, qu'il n'y a pas d'électricité, d'Internet, que tout y fonctionne un peu lentement. Il n'y a pas de gaz de cuisine. On fait tout chauffer avec du bois, mais au moins, à Rafah, il y a des légumes. C'est la première fois qu'on voyait des légumes depuis un mois. Pour nous, tout ça, ça n'existait plus. Et il y a la vie, il y a du monde, alors que Gaza est une ville fantôme. Voilà l'histoire. J'espère n'avoir rien oublié parce qu'il y a beaucoup de détails. J'ai tellement subi que je n'arrivais pas à parler de tout ça hier. Je voulais juste me reposer et je me suis dit : "Je vais tout raconter aujourd'hui."

Peut-être que ça va servir à quelque chose. Peut-être que ça va permettre de raconter la vérité sur ce qui se passe. Je sais que les gens souvent ne nous croient pas. Ça me rend tellement triste à chaque fois qu'est remis en cause ce que nous, les Palestiniens, disons. En revanche, tout ce qu'affirment Netanyahou et son armée d'occupation, on le prend pour argent comptant. Vous voyez une femme ou un homme palestinien qui tombe sous les balles et vous allez tous poser la même question : Est-ce qu'il y avait lc Hamas ? C'est un réflexe....

Mais les 10 000 morts à Gaza, c'est le Hamas qui les a tués ? Ce ne sont pas les Israéliens, car, eux, ils ont juste tué la trentaine de personnes dont ils annoncent la mort dans leurs fiches. C'est le Hamas qui a détruit des quartiers entiers ? C'est le Hamas qui a fait mourir à peu près 12 000 personnes ? Je ne sais plus combien de morts nous avons. C'est le Hamas qui a détruit des zones entières de Gaza ? L'armée la plus humaine du monde... elle, elle n'a rien fait, n'est ce pas ? C'est le Hamas qui nous a demandé d'aller dans le sud ? C'est le Hamas qui est en train de nous humilier ? Au passage, je remercie l'armée israélienne d'occupation, car elle est là pour nous protéger. Je remercie cette armée qui nous protège... Je remercie cette armée d'occupation qui veut nous laisser sains et saufs ! Alors que le Hamas tue tous les civils !

Malheureusement, on en est arrivés à ce point. La propagande et les médias israéliens ont réussi à semer le doute sur tout... le nombre de morts, le nombre de blessés, le nombre d'unités d'habitation qui sont détruites. Les Israéliens sont plus forts que nous militairement, mais aussi politiquement, médiatiquement, leur influence est immense. À chaque fois, c'est notre parole contre la leur et c'est toujours la leur qui gagne. »

Tous les matins depuis le 7 octobre, quand il a de l'électricité et un peu d'Internet, Rami a pris l'habitude d'envoyer à tous ses contacts journalistes le message suivant : « Toujours vivants. »

À l'heure de l'écriture de ces lignes, Rami, Sabah et Walid sont « toujours vivants ».

Massada est tombée[1]

Miri Eisin

Miri Eisin connaît bien les journalistes étrangers. Elle fut la toute première femme à servir de porte-parole au Premier ministre israélien. C'était en 2006, à l'époque du gouvernement d'Ehud Olmert. La deuxième guerre du Liban éclatait. Cette femme à l'intelligence acérée et à la poigne de fer fut l'un des visages de l'État hébreu devant la presse étrangère. Ses racines californiennes lui confèrent une bonhomie qui lui permet, dans un anglais parfait, de faire passer des messages sévères sans en avoir l'air. Une rigueur et une âpreté sans doute héritées de son grand domaine de spécialité: le contre-terrorisme. Elle a servi pendant vingt ans dans les rangs de l'armée israélienne, jusqu'à devenir l'une des rares femmes à y obtenir le grade de colonel. Elle fut notamment sous-directrice du corps de renseignement de combat. Colonel à la retraite, elle dirige désormais l'Institut international du contre-terrorisme à l'université Reichman

1. Lire le poème de de Yitzhak Lamdan, *Massada*, écrit en 1927.

près de Tel Aviv. Forte de cette expérience, elle porte un regard froid sur ce qui a rendu possible les événements du 7 octobre. Entretien réalisé le 6 novembre 2023.

Le samedi 7 octobre a commencé par une sirène. Exceptionnellement, toute ma famille était à la maison, y compris mon fils aîné qui avait déjà déménagé et qui rapportait ses affaires parce qu'il était sur le point de partir en voyage après six années passées dans l'armée. Nous nous sommes donc d'abord retrouvés tous les cinq dans notre chambre forte improvisée. Mon mari et mes trois enfants sont tous militaires, d'active ou de réserve.

Au cours des dix dernières années, j'ai consacré beaucoup de temps à la surveillance de groupes actifs aux frontières israéliennes pour examiner les défis auxquels Israël est confronté. Je le fais pour la partie sud, le long de la frontière avec la bande de Gaza, et je le fais dans le nord. Samedi, alors que ma maison se vidait, j'ai compris qu'il y avait eu une attaque de grande envergure et, avant tout, j'ai essayé de comprendre ce qui arrivait aux communautés de Netiv HaAsara, au nord de Gaza, jusqu'à Kerem Shalom, au sud, et de faire le deuil de mes amis disparus. Voilà, Israël c'est ça en 2023.

Je dirais que pour la majorité des Israéliens, ce fut un moment décisif et inattendu. Quand je dis la majorité, il y en aura toujours pour prétendre qu'ils savaient. S'ils savaient, ils auraient dû l'arrêter ! Ils ne savaient donc pas. Ils ont tout au plus évalué la situation, et s'ils pensaient qu'une telle chose allait se produire, ils auraient dû prier le ciel que cela ne se produise pas.

En tant qu'Israéliens, nous traitons la bande de Gaza comme une entité extérieure. Nous avons quitté Gaza en 2005. Et nous ne prêtions plus attention au Hamas. Cette méga-attaque terroriste génocidaire ne nous a pas seulement décontenancés, elle nous a coupé le souffle. Vous appartenez au contre-terrorisme, vous parlez à des gens qui se sont préparés aux pires scénarios. Or, vous constatez qu'aucun d'entre eux n'avait prévu une attaque incluant cette combinaison d'atrocités, d'otages en masse, et le récit qui l'accompagnait !

Nous n'avons pas compris combien l'idéologie génocidaire était ancrée, et j'insiste sur le terme de génocide. Pendant des années, nous n'avons entendu parler que de délégitimation d'Israël. Nous n'avons pas saisi la profondeur de la déshumanisation à notre égard. Ce n'est qu'en déshumanisant à ce point votre ennemi que vous pouvez planifier ce genre d'attaque, exécuter ainsi des gens et leur faire subir des choses inhumaines. Les Palestiniens ont connu de nombreux changements au cours des soixante-quinze dernières années, mais nous n'avons pas vu venir cette étape.

Lorsque vous ne cherchez pas quelque chose, il est difficile de le voir venir. Je le répète : aujourd'hui, il m'apparaît très clairement que nous connaissions leur plan[2].

2. Dès 2022 un rapport des autorités israéliennes de 40 pages nommé *Le mur de Jéricho* décrit le projet d'une attaque de grande ampleur par le Hamas à l'aide de roquettes, de drones et d'ULM, envisageant 60 brèches dans le mur de protection. En juillet 2023, une ex-membre de l'unité de renseignement 8 200 signale à l'armée israélienne un entraînement du Hamas incluant des drones et des ULM. En 2016, un mémo du ministère de la Défense israélien affirme que le Hamas prévoit d'augmenter ses forces armées de 27 000 à 40 000 hommes d'ici 2020 (« Israël connaissait le plan d'attaque du Hamas depuis plus d'un an », *The New York Times*, 30 novembre 2023).

Et nous ne pourrons plus jamais ignorer cette réalité, qui aura des conséquences sur le long terme. J'en suis encore au stade où je me méfie de la notion de culpabilité. Je suis prête à utiliser le terme d'échec. Il y a une énorme différence entre ces deux termes. Qui est responsable de l'échec ? Nous avons connu l'échec absolu et nous savons nous adapter, changer, parce que ce n'est pas encore fini. Le Hamas, ainsi que le Hezbollah pourraient encore agir.

Lorsque vous vous méprenez sur votre adversaire, et dans ce cas votre ennemi génocidaire, vous exploitez mal les informations dont vous disposez. Tout cela est en train de se produire sous vos yeux. Et vous n'en comprenez pas les tenants et les aboutissants. Vous le placez dans un contexte où des acteurs vous donnent des informations erronées. Ils vous désinforment, et vous prenez de mauvaises décisions, comme nous l'avons tous vu. Vous faites de mauvais choix politiques, que ce soit au sein de la communauté du renseignement, au sein de la communauté militaire ou au sein de la communauté décisionnelle du gouvernement. C'est donc l'échec absolu. Je vous accorde donc qu'en ce sens, échec et culpabilité se rejoignent… Cela peut se reproduire demain matin si nous ne nous préparons pas mieux.

Je me demande par exemple ce que le Hezbollah fera demain. En quoi est-ce qu'on se trompe sur l'Iran ? Pourraient-ils nous surprendre ? Et je me dis : « Oui, toujours. » Il faut toujours être en alerte. 1 400 personnes ont été massacrées de la pire façon qui soit, parce que nous ne pouvions concevoir que ça arriverait. Nous avons su nous protéger des 9 000 roquettes qui ont été tirées sur nous au cours des trente derniers jours, y compris les missiles balistiques intercontinentaux en provenance du Yémen et du

Hezbollah au Liban. Nous étions préparés à cela, mais nous ne l'étions pas à une attaque terroriste génocidaire.

Il y a différentes façons d'aborder le monde. Il y a ceux qui le regardent à travers un prisme sécuritaire (menaces, défis, terreur, armée). Ce n'est ni bien, ni mal, ni bon, ni mauvais. C'est une façon de voir le monde. Depuis la Seconde Guerre mondiale, et plus encore au cours des vingt dernières années, il y a une autre façon de voir le monde, à travers un prisme humanitaire, et considérer qu'il y a en face des individus avec des droits.

En Israël, nous parlons essentiellement de sécurité. Dans une grande partie du monde libéral occidental, on parle d'humanitaire. Ce sont deux langages différents. Alors nous avons du mal à nous comprendre.

Israël a connu la terreur, mais pendant toute la deuxième moitié de la deuxième intifada, de septembre 2000 à la mort de Yasser Arafat en novembre 2004, au cours de ces quatre années, environ 1 200 civils ont été tués. 1 200 en quatre ans ! Un bus par-ci, un bus par-là, un restaurant. À l'inverse, le 7 octobre, 1 400 personnes ont été assassinées dans l'endroit le plus sûr qui soit, chez elles, dans leurs maisons. Ces communautés ont été profanées ! C'est ça que le monde ne comprend pas, réagissant comme si c'était juste un épisode de plus dans le conflit Israël-Palestine, alors que c'est un tournant. Il y a 2,3 millions de Palestiniens dans la bande de Gaza, dont une partie est venue pour participer non pas en tant que combattants terroristes de première ligne, mais en tant que foule d'anonymes, et commettre des atrocités, torturer et mutiler des otages vivants. Et ça, je ne peux pas le rationaliser en tant qu'Israélienne.

Non, on n'a jamais vu une telle horreur, c'est faux de dire l'inverse. Le terrorisme, c'est mon domaine, donc permettez-moi de vous dire que c'est inédit. Ou je pourrais peut-être comparer ce qui s'est passé avec les horreurs commises par l'État islamique au Sahel et en Afrique, même si nous n'en savons pas assez sur ce sujet. Je vais être grossière : mais qui se soucie de l'Afrique silencieuse, à part la France ? D'ailleurs, même la France l'a quittée. Mais là il s'agit d'un pays souverain, et nous avons été attaqués en plein cœur. On nous dit : « Vous avez 1 400 morts et ils en ont 8 000. » Je réponds que ce n'est pas un match de football. D'accord ?!

Gaza vit une tragédie depuis 1948. La bande de Gaza de 1948 à aujourd'hui n'a jamais eu sa fin heureuse. Il existe de nombreuses options pour améliorer la vie dans ce territoire. Aucune d'entre elles ne garantit le bonheur pour l'éternité. J'en suis tout à fait consciente. La nouvelle génération va nous détester, les enfants de ces 2,3 millions de personnes vont me détester encore plus que leurs parents.

Comment changer cela ? Vous savez, tout le monde veut sortir de ce cycle. Le Hamas, l'organisation terroriste, est génocidaire et non suicidaire. Ils veulent gagner la guerre contre nous. Ils incarnent la résistance. Et ils inspirent beaucoup de gens autour d'eux. Pour moi, il faut diminuer le plus possible la force du Hamas tout en prenant en considération le sort de nos otages. Mais je ne veux pas tuer 2,3 millions de personnes. Si c'était le cas, je ne mènerais pas d'opération terrestre. Il est beaucoup plus facile de les tuer autrement. Je vous l'assure, je ne veux vraiment pas tous les tuer. Même si cette organisation terroriste génocidaire qui appelle à ma destruction est bien née de ces 2,3 millions de personnes. Elle a été fondée dans la bande de Gaza.

Elle prospère dans la bande de Gaza. Ils ne se disent pas terroristes, mais combattants de la résistance. Beaucoup de Gazaouis se disent : « Regardez ce qu'ils ont fait aux Israéliens qui sont supposés être les plus forts. » C'est ça, la déshumanisation dont j'ai parlé précédemment : des jeunes de 15 à 30 ans viennent, massacrent et pensent que c'est accepté par l'islam. C'est vraiment tragique.

Nous menons une guerre juste. Or, une guerre juste est tout aussi horrible qu'une guerre injuste. Une guerre juste ne fait pas moins de victimes. Dites-vous que jusqu'au 7 octobre nous étions précisément en train d'essayer d'éviter la guerre ! C'est ce que nous essayions de faire. Et regardez ce que cela a donné !

Le Hamas est souverain et l'est depuis 2007 sur la bande de Gaza. Cela fait seize ans ! Il a mis sur pied une armée terroriste. Il dispose de moyens de défense, d'un arsenal. Cette armée est intégrée, elle fait partie de la population. Il n'y a pas de bonne manière de procéder. Si nous voulions la détruire avec nos capacités, ce serait simple. Nous pourrions tuer 100 000 personnes, pas 2,3 millions, mais 100 000 personnes. D'accord ? Et nous en aurions terminé ! Mais ce n'est pas ce que nous faisons. Nous le ferions à distance. Nous le ferions avec des avions. Nous le ferions avec de l'artillerie et des chars. Nous n'enverrions pas un seul soldat. Pourquoi envoyer une opération terrestre ? Il ne s'agit que de sauver des vies. Lorsque vous posez la question de la tactique, il n'y a pas d'autre tactique, ni dans les tunnels, ni dans les zones urbaines. Nous ne sommes pas dans un film de science-fiction. Mais vous n'échapperez pas à une réalité : vous ciblez des terroristes. Cette armée de terroristes se cache parmi les civils. Il n'y a pas d'autre solution. En tant qu'Israélienne, je ne vais pas m'excuser pour cela. Certes, nous avons inventé le Dôme de fer, mais pas quelque chose qui va faire tomber les 2,3 millions de personnes pendant sept heures, les rendre inaptes, et ainsi nous permettre d'entrer et de récupérer toutes les armes sans dommages.

Selon nos renseignements, une part significative des morts sont des terroristes du Hamas. Nous avons probablement là le ratio le plus étonnant jamais atteint dans l'histoire.

Tout le monde aime parler du droit international. Nous le suivons à la lettre. Le droit international nous permet d'ailleurs d'aller plus loin. Finalement, ce n'est pas une question de loi, c'est une question de cœur. Nos soldats doivent rentrer chez eux en ayant encore un cœur. Vous ne pouvez pas leur dire « Tuez n'importe qui ! » Ça, c'est ce qu'ont fait le Hamas et les terroristes. Nous devons procéder de manière systématique et lentement à travers l'une des zones urbaines les plus peuplées du monde, avec un réseau souterrain construit pour la défense des terroristes. Il n'y a pas de moyen facile d'y parvenir, c'est pourquoi nous avançons de manière très méthodique.

Je me méfie beaucoup des chiffres qui proviennent d'une zone urbaine en temps de guerre. Je suis encore plus méfiante lorsque les chiffres proviennent d'un territoire contrôlé par le Hamas. Mais mon cœur me dit : ça se compte en milliers, c'est une quantité énorme de personnes, et je ne parle que des civils. Je ne parle pas des terroristes. Je pense qu'il est terrible que des civils soient tués. Je pense qu'il est horrible que le Hamas ait déclenché une guerre. Qu'aurions-nous pu faire de plus pour les encourager à partir ? Nous leur disons de partir depuis le 8 octobre. Cela signifie-t-il que personne ne sera tué à nouveau ?

Des milliers de terroristes du Hamas ont attaqué Israël. Ils ont pris plus de 240 otages. Nous ne connaissons pas le nombre exact. Le plan de défense des terroristes du Hamas repose sur leurs propres civils. Il y a deux aspects différents. D'une part, je vous dirais que, conformément au droit international, vous êtes autorisé à tirer sur n'importe quel terroriste, particulièrement sur celui qui vous a tiré dessus, et si ces terroristes utilisent des civils, c'est ce qu'on appelle des « dommages collatéraux ». Je déteste ce terme, mais il est tout à fait légal. Israël a dit à tous ces civils de partir, d'aller vers le sud. Des centaines de milliers l'ont fait.

Maintenant, tout le monde ne nous parle que d'aide humanitaire. J'ai le cœur qui bat la chamade : l'aide humanitaire ! Cela signifie de l'eau, des médicaments et du carburant. Mais il y a une guerre en cours ! Les civils palestiniens ne sont pas des otages, d'accord ? Le Hamas s'est infiltré dans la population civile. Ces civils ne sont pas des otages. Ils font partie de ce théâtre, et nous n'avons cessé d'essayer de les faire sortir du théâtre des opérations.

Nous entrons dans une phase où cela va devenir beaucoup plus difficile, les décisions seront prises sur le terrain par les commandants israéliens. Ce sera fait légalement. Ce n'est pas cet aspect qui m'inquiète. Je me préoccupe davantage de la question morale.

Nimrod Palmach

Nimrod Palmach a 39 ans, il habite à Jérusalem, et a deux enfants. Il dirige une ONG israélienne qui fait de la diplomatie civique dans le but de changer la perception que les gens ont d'Israël dans le monde, mais, depuis le 7 octobre, il a revêtu l'uniforme militaire. Il raconte que le jour des attentats, il a désobéi à son commandant. Ce dernier lui imposait de passer par la caserne avant de descendre dans le sud du pays pour aller affronter les terroristes infiltrés dans ce que les Israéliens appellent « l'enveloppe de Gaza », où vivent les communautés juives qui bordent l'enclave du nord au sud. Nimrod n'écoute pas et fonce en direction du kibboutz Be'eri. Il trouve le moyen de contourner les barrages filtrants de l'armée et saute dans un véhicule civil rempli de jeunes qui veulent aller se battre. Sur place, il découvre un carnage, des corps dans des voitures sur le bas-côté de la route, des cadavres à même le sol. Nimrod enregistre une vidéo d'adieu à sa compagne et à ses deux enfants. S'engage alors une bataille féroce qui, selon le récit qu'il en livre, dure huit heures. Nimrod a longtemps fait partie des forces spéciales. Il décrit des membres du Hamas surarmés, une trentaine sont tués lors de ces combats.

Nimrod Palmach sert actuellement au sein d'une unité de recherche et de sauvetage dont la mission est de protéger les soldats en opération, mais aussi les civils, en cas de « problème » selon l'expression qu'il utilise. Il s'agit de secourir les personnes qui ont besoin de soins médicaux, lorsque les choses tournent mal pendant les opérations, lorsque des civils sont pris dans certaines situations. En cela, il dépend des forces terrestres.

Nimrod est un Israélien en colère. Entretien réalisé le 24 novembre 2023.

Lorsque les Juifs n'ont ni territoire, ni armée, voilà ce que les gens leur font, ils les massacrent. Il y a eu les Allemands, les Ukrainiens, les Arabes, maintenant ce sont les musulmans. Nous devons être forts, unis face à nos ennemis.

Je ne crois pas à la paix. Aucune paix possible avec ces gens. Je pense qu'ici, au Moyen-Orient, si vous voulez avoir une chance de mener une vie décente, vous devez agir comme le plus méchant du quartier.

Nous devons parler arabe. Je ne parle pas de la langue. Je parle de la façon d'envisager les choses, de négocier. Qu'est-ce que cela nous apporte d'être l'armée la plus morale du monde ? Pourquoi cette exigence envers Israël et pas envers les autres ? Pourquoi ? Nos concitoyens ont été massacrés de la manière la plus horrible qui soit. Pourquoi ? Quel est notre crime ? Nous avons cédé des terres, nous avons cédé tant de choses. Dès notre naissance, on nous enseigne des chants de paix, d'unité, d'espoir. L'autre camp ne veut tout simplement pas de nous…

Vous savez pourquoi nous disons qu'il s'agit d'un petit holocauste ? Parce qu'à l'époque de l'holocauste, vous n'aviez pas le choix, vous deviez mourir. Certaines personnes ne savaient même pas qu'elles étaient juives. Leur arrière-grand-mère était juive. Et les nazis l'ont découvert. Les Juifs n'avaient aucun moyen de fuir. Ce n'est pas une question de terre, vous ne pouvez pas dire : « D'accord, je quitte ma terre, c'est tout, laissez-moi tranquille. » Le seul problème, c'est que vous êtes juif ! L'Iran a juré de me détruire alors que je n'ai jamais rencontré un Iranien de ma vie.

Je suis allé à Gaza dans le cadre d'opérations spéciales. Avant le désengagement et lors de l'opération « Bordure protectrice » en 2014. Pour nous, Israéliens, c'est très intimidant parce que nous savons qu'il y a beaucoup de terroristes à l'intérieur de Gaza. Et en même temps, quand je vois Gaza, je vois un énorme potentiel, qui est gaspillé par le Hamas, qui tue, détruit, au lieu de bâtir, d'œuvrer pour la prospérité.

Nous, tous en Israël, nous nous rendons compte que nous vivons à côté d'un monstre qui a commis l'une des plus grandes atrocités. Et nous ne sommes pas prêts à revivre un nouvel holocauste. Cette opération est une guerre juste, visant à éliminer le Hamas, à le frapper au point qu'il ne puisse plus menacer à la fois Israël et le peuple palestinien. Le Hamas a perdu son droit d'exister, exactement comme ISIS. Nous gagnons parce que nous faisons ce qu'il faut. Nous frappons chacune des infrastructures et chacun des terroristes du Hamas. Nous sommes en mesure de tuer des centaines, des milliers de terroristes avec un minimum de victimes civiles. Bien sûr, ils se cachent. Nous gagnons parce que le Hamas peine à envoyer des roquettes sur Israël. Nous gagnons aussi parce que nous prouvons au monde que le Hamas a gouverné la bande de Gaza uniquement par la force, avec des actions terroristes comme la fabrication des tunnels et l'installation d'armes sous les écoles, les hôpitaux et les mosquées, en utilisant et en exploitant les civils. Nous gagnons parce que nous sommes en mesure de tout prouver.

Le monde est en guerre. Peut-être que vous ne le ressentez pas encore en France, en Hollande ou en Allemagne, mais cela viendra. La guerre est déjà engagée. C'est une guerre de civilisation. Un choc entre les civilisations. Les personnes qui critiquent Israël sont les mêmes qui ignorent que des centaines de femmes ont été violées, agressées et attaquées le 7 octobre, qui contestent que nous ayons tant d'otages. Ce sont ces mêmes personnes qui blâment Israël pour les actions du Hamas. C'est de l'antisémitisme. Qui accepterait de vivre avec Daech à sa porte ? Ce n'est moralement acceptable ni pour les Palestiniens, ni pour les Israéliens. Alors oui, c'est une action morale et je crois que nous avons le soutien du monde entier. Et ceux qui ne nous soutiennent pas, encore une fois, ne veulent tout simplement pas qu'Israël existe.

Israël ne commet pas de génocide à Gaza, c'est tout simplement faux. C'est un non-sens. Israël avance très lentement. Nous sommes l'une des armées les plus puissantes au monde. Nous aurions pu raser Gaza en une semaine. Nous épargnons des vies, nous demandons aux Palestiniens, par téléphone, par sms, par notes vocales, de partir vers le sud, de quitter leurs maisons, d'avoir pitié de leurs enfants. Nous savons d'ailleurs que les terroristes du Hamas voient ces messages et fuient également en tant que réfugiés. Notre objectif n'est pas de tuer des Palestiniens. Nous n'avons aucun différend avec eux. Nous avons un problème avec le Hamas qui a tenté de commettre un génocide le 7 octobre, en tuant toutes les personnes sur son passage avec des couteaux, des armes à feu, en violant, en décapitant. Il s'agit d'un génocide. Et s'ils le pouvaient, ils iraient jusqu'à Jérusalem et Tel Aviv.

Cependant, j'ai vu le 7 octobre des habitants de Gaza célébrer avec joie et bonheur les massacres d'Israéliens, ce qui m'a beaucoup déçu. Et je dois dire que je ne sais plus qui est innocent et qui ne l'est pas à Gaza. J'aimerais faire la paix un jour. Mais tant qu'ils ne reconnaîtront pas le droit à Israël d'exister, ils seront nos ennemis. S'ils acceptent de reconnaître ce droit, comme nous reconnaissons le leur, nous aurons une vie prospère ici dans la région. Nous construirons une économie et des opportunités extraordinaires et nous aurons de belles vies ensemble. D'un point de vue humain, je me sens mal pour eux. Je suis désolé qu'ils n'aient plus de maison, qu'ils n'aient plus d'électricité, qu'ils vivent dans la misère. Et ce n'est pas Israël qui est à blâmer. C'est le Hamas. Nous avons fait la paix avec la Jordanie, avec l'Égypte, avec les pays des accords d'Abraham. Pourquoi pas avec eux ? Ils choisissent de ne pas faire la paix avec nous.

J'ai un garçon de 7 ans, et ma fille a 4 ans et demi. Ils ont eu très, très peur. Ils ont entendu les sirènes, ils ont dû courir vers les abris, et pendant qu'ils se réfugiaient, ils se demandaient où était leur père. Est-il en train de se battre ? Ils étaient très inquiets, et j'ai dû leur parler pour les rassurer, leur dire que je savais comment me protéger, et que nous menions une guerre juste, pas seulement pour Israël, mais pour le monde entier, et que la guerre entre le Hamas et Israël ne nous concernait pas seulement nous, mais tout le monde, le peuple français, tout le monde en Europe.

Mes enfants ont déjà rencontré un Palestinien, nous vivions dans une communauté appelée Har Adar[3] et nous avions un accord avec le village palestinien voisin. Ils venaient travailler dans notre village, faire du jardinage, du nettoyage, des travaux de rénovation, et nous avions une belle vie. Mes enfants connaissent très bien Youssouf. Nous offrions des cadeaux à Youssouf, nous le félicitions pour les événements de sa vie. Mais nous ne sommes plus en contact

3. Har Adar est une colonie illégale au regard du droit international. Elle est située sur la ligne verte, à une quinzaine de kilomètres de Jérusalem.

depuis le 7 octobre, car il ne s'est pas manifesté pour nous témoigner un peu de compassion. Je suis très déçu.

Je voudrais dire que je suis quelqu'un de bien. Je n'aime pas tuer. Je n'aime pas voir un autre peuple, une autre nation souffrir. Je n'aime pas cela. 99 % des Israéliens veulent la paix. C'est ce que notre nation nous enseigne depuis notre plus jeune âge. J'encourage le peuple de Palestine à se détourner du Hamas, à s'opposer au Hamas, à la tyrannie, à la violence et à la culture de la mort et de la destruction, et à croire en une culture de la foi, de l'amour, de la construction et de l'innovation.

Il y a eu une enquête. Si vous interrogez les Palestiniens aujourd'hui, 75 % des habitants de Cisjordanie ont déclaré que le 7 octobre était une action du Hamas justifiée. Je suis donc très, très déçu par le peuple palestinien. Et pour l'instant, je ne crois pas que nous puissions faire la paix. Nous sommes désormais des ennemis. Ils nous ont prouvé qu'ils étaient comme les nazis allemands. Ils sont nos ennemis, à moins qu'ils ne changent de voie.

Les combattants de la paix

Yonatan Zeigen : « Je n'ai pas de mots. Je suis à tes côtés. »
Vivian Silver : « Je sens ta présence. »
7 octobre 2023, 10 h 54 (heure d'Israël)

Yonatan Zeigen

Yonatan Zeigen habite à Tel Aviv avec sa compagne et leurs trois enfants. Comme lui, elle est originaire du kibboutz Be'eri dans le sud d'Israël. Il y a quelques années, ils ont quitté cette petite localité pour s'installer dans la ville qui est le poumon économique du pays. Travailleur social, Yonatan s'occupe de sans-domicile fixe, mais aussi de toxicomanes dans sa ville. Il a 35 ans, mais, de son propre aveu, ne sait toujours pas exactement qui il est. Aujourd'hui, ce qui le définit aux yeux d'une grande partie des gens qui, comme nous, le croisent et l'interrogent, ce sont ses racines : il est le fils de l'une des égéries du camp de la paix. Pendant des années, Vivian Silver a milité pour la coexistence pacifique entre Israéliens et Palestiniens. Cette infatigable militante israélo-canadienne de 74 ans s'est souvent décrite comme une « sioniste conditionnelle », sioniste à condition que ses voisins palestiniens aient le même droit que le peuple juif, celui d'avoir leur propre État.

Au moment de notre conversation, Yonatan pense que sa mère fait partie des otages retenus dans la bande de Gaza. Il est d'humeur très sombre. « Je me sens merdique », nous dit-il, avant d'ajouter qu'il traverse un moment « horrible, d'un point de vue personnel, mais aussi politique, en tant qu'être humain dans ce monde… » et il estime en plus négliger ses enfants, qui en souffrent. Il commence par décrire les derniers échanges qu'il a pu avoir avec sa mère le 7 octobre. Entretien réalisé le 1er novembre 2023.

Je me suis réveillé vers 6 h 30 du matin à Tel Aviv au son des sirènes. J'ai essayé de les ignorer et de continuer à dormir. Ce n'est pas inhabituel que des roquettes soient tirées sur Israël, mais là nous avons rapidement compris que la situation prenait une tournure différente. Très vite, j'ai vu passer des images de militants à bord d'une camionnette à Sderot. Ma compagne est venue me dire qu'une très bonne amie à nous dans un kibboutz est morte. Je me suis senti bizarre et j'ai commencé à écrire à ma mère.

La mère de ma compagne vit au kibboutz. Depuis chez elle, la barrière de protection est visible. Elle nous a envoyé une vidéo de l'arrivée de quelques dizaines de militants, à bord de 4x4 et de motos. Nous étions choqués. Pendant ce temps-là, je parlais à ma mère et essayais de comprendre ce qui se passait. Elle partageait les informations et les messages qu'elle recevait sur son WhatsApp. Tout le monde écrivait : « À l'aide, à l'aide, à l'aide ! » Mais nous n'arrivions pas à saisir l'ampleur de ce qui se passait et surtout nous ne pensions pas que l'armée serait absente ni qu'il manquerait autant de soldats. Nous parlions au téléphone, mais ensuite nous avons entendu, ou plutôt j'ai entendu les coups de feu se rapprocher. C'était juste en face de la fenêtre, à côté de ma mère. Elle m'a dit : « Je dois faire pipi ! » Je lui ai répondu : « Tu devrais peut-être t'enfermer dans la salle de bains. Tu y seras probablement plus en sécurité que dans la chambre forte dont la porte ne peut pas se verrouiller. Et tu n'arriveras jamais à la maintenir fermée. » Elle m'a dit : « D'accord » et nous avons décidé d'arrêter de parler pour qu'elle ne soit pas entendue. Elle plaisantait encore.

Quelques minutes plus tard, les militants sont entrés chez elle. Nous nous sommes dit au revoir. C'était comme un adieu. Je lui ai écrit que je n'avais plus de mots et « Je suis avec toi. » Elle m'a répondu : « Je sens ta présence. »

Elle a cessé d'être connectée à son WhatsApp et j'étais sûr qu'elle était morte. Je ne comprenais toujours pas la portée de l'événement. Je pensais qu'elle était morte et j'ai commencé à faire mon deuil. J'ai commencé à ressentir sa mort. J'attendais juste que la nouvelle soit rendue officielle. Nous savions que des personnes étaient mortes dans le kibboutz. Je pensais au fait que nous allions les enterrer, mais les combats se sont terminés et l'armée n'a repris le contrôle total du kibboutz que mardi, d'après mes souvenirs.

J'éprouvais un horrible sentiment d'impuissance et de confusion.

Après tout ça, j'ai décidé qu'elle avait été enlevée et qu'elle n'était pas morte. Je recevais différentes informations. Nous avons appris que des gens autour d'elle, ses voisins, étaient morts. Tant qu'on ne m'annonçait pas sa mort, je pouvais supposer qu'elle avait été prise en otage. Et j'en suis toujours là aujourd'hui.

Je pense que le terrorisme est un acte, mais qu'il ne définit pas une personne. Le Hamas est plus complexe que cela. Ils ont une branche gouvernementale. Ils sont responsables de leurs civils à Gaza, ils ont été élus. Ce n'est tout simplement pas dans mon vocAboulaire de définir quelqu'un comme terroriste. Vous savez, l'armée israélienne utilise également la terreur et pourtant ce n'est pas une organisation terroriste. Mais ce qu'ils ont fait, à Be'eri, à Kfar Aza, dans d'autres localités, était si vicieux et si brutal, et vraiment insondable. Il est inimaginable qu'une personne puisse regarder dans les yeux un enfant et le tuer ou le brûler. C'est une violence psychotique.

Je suis traversé par beaucoup d'émotions. J'éprouve la culpabilité du survivant. Nous devions aller là-bas samedi. Je suis chanceux et heureux parce que mes enfants seraient morts et ma compagne aussi. Elle court dans les champs le matin quand nous sommes là-bas, donc elle serait morte la première, je suppose. Et en même temps, je me sens coupable envers ma communauté et ma mère de ne pas avoir vécu ce qu'ils ont dû endurer et de ne pas connaître cette douleur que ressentent toutes les personnes impliquées toujours vivantes.

Je ne peux pas vous dire quel sera le changement, mais je sais qu'il y en aura. Je m'accroche à l'idée que ce genre de catastrophes entraîne, en fin de compte, un changement positif. Vous savez, je choisis de regarder l'histoire en adoptant la perspective suivante : après la Seconde Guerre mondiale, l'Europe a entamé une ère de paix sans précédent. Regardez ce qui s'est passé pour les Français, les Britanniques… Pareillement, après la guerre du Yom Kippour, nous avons fait la paix avec l'Égypte. Je fais le choix actif de penser que dans deux ans j'irai à Gaza en touriste.

Ce qui est arrivé à ma mère ne fait que renforcer mon engagement pour la paix. Je pense que nous étions du bon côté de l'histoire. Je pense qu'elle a échoué parce qu'il n'y avait pas assez de gens à nos côtés. C'est l'inverse de ce que nous défendions qui a conduit à la réalité que nous connaissons aujourd'hui. En ce moment, il est plus important que jamais pour nous de porter ces convictions de paix.

Qui sont les coupables et de quoi sont-ils coupables ? C'est une question très complexe. Les gens qui ont perpétré l'attaque, qui ont tiré sur des bébés, ont pris ma mère et brûlé le kibboutz, ils sont coupables de leurs actions, n'est-ce pas ? Mais il faut recontextualiser. Nous en sommes arrivés là après tant d'années de déshumanisation mutuelle. Quand vous vivez dans une réalité où il est acceptable de déshumaniser les gens, il n'est pas complètement surprenant que l'on arrive à ce genre de résultat. D'une part, il y a Israël avec son occupation et sa politique agressive. D'autre part, côté palestinien, ils refusent de faire des compromis et de céder des territoires, n'est-ce pas ? Dans la politique palestinienne, ils ont fait du droit au retour des réfugiés une notion tellement importante. Or, c'est un fantasme.

Partout dans le monde, des nations et des peuples se sont déplacés. Ils ont été affectés par la guerre et ont dû changer de vie, habiter d'autres lieux, changer de cadre, s'adapter… Le refus des Palestiniens de comprendre et de faire de leur Nakba une histoire du passé et non un fait du présent constitue un échec. C'est un échec de leur politique. Et Israël a échoué avec son occupation et son refus d'accorder aux Palestiniens un avenir viable, ou ne serait-ce qu'un espoir d'avenir. La doctrine israélienne consistait seulement à gérer le conflit. Ce n'est pas, ce n'était pas, ça ne sera jamais viable. Il s'agit donc d'un échec commun.

Je pense que nous humains en tant qu'ensemble, nous avons une intersubjectivité enfantine. Nous nous comportons comme un troupeau, incapable de gérer des notions complexes. Nous avons besoin que tout soit noir et blanc. Le monde ne comprend pas qu'entre Israël et la Palestine, il ne s'agit pas d'un conflit entre le bien et le mal. Vous savez, un camp dit que la Palestine est le mal, qu'Israël est le bien. L'autre dit qu'Israël est le mal, que la Palestine est le bien. Ce n'est pas une bonne lecture. Il s'agit d'un conflit entre la vie et la mort, entre l'épanouissement et le dépérissement. En Palestine, il y a beaucoup de gens qui veulent une réalité différente et en Israël, aussi. En Europe, beaucoup de ceux qui soutiennent la Palestine ne tiennent pas compte du contexte. Ils sont aveugles. Moi, en tant que citoyen israélien, j'ai pu toute ma vie être critique à l'égard d'Israël. J'ai pu condamner l'occupation, condamner les crimes de guerre commis par Israël. Ces gens-là devraient dire : « Nous ne marchons pas pour le Hamas, nous marchons pour la paix. Nous marchons pour le changement au Moyen-Orient, nous sommes des deux côtés. »

J'imagine ma mère en train de s'occuper des autres, de nouer des relations avec ses ravisseurs, de négocier avec eux ou de les réprimander s'ils font quelque chose de mal. En réalité, j'ai du mal à l'imaginer après le 7 octobre. Les traumatismes changent les gens. Je ne sais pas ce qu'elle a vu.

Tant de ses amis sont morts, tant de ses voisins ! Sa maison a été brûlée. Je ne sais pas comment elle se sent maintenant et quel genre de personne elle sera si elle revient.

Bien que, parfois, j'imagine que les otages sont gardés dans des conditions relativement bonnes, dans des conditions correctes, et qu'elle s'ennuie simplement. Pendant ce temps-là, moi je souffre. Je travaille toute la journée pour sa libération et elle, elle s'ennuie tout simplement.

À mes enfants, je dis les mêmes choses, mais parfois différemment. Je peux parler de tout avec eux, à condition de le faire calmement et de leur laisser la possibilité de partager leurs propres sentiments et opinions sur le sujet. Je leur dis presque tout. Et nous faisons avec. Ils s'accrochent à leur enfance.

Je pense que le prix qu'ils paient est celui du changement dans la maison. Je suis préoccupé et tout le temps au téléphone. Il y a beaucoup de gens qui vont et viennent. Mais nous sommes ensemble.

J'ai pris mon fils aîné et l'ai invité à parler avec moi et à me poser des questions. Et il m'a fait un magnifique discours. Il m'a dit : « Je vous vois papa, toi et maman. Je comprends la situation. Ma grand-mère a probablement été enlevée et je vois que vous êtes très occupés. Je pense que c'est bien pour toi parce que ça te donne le sentiment que tu es un… un… que tu as la maîtrise de ton avenir. Moi j'attends. Peut-être qu'elle reviendra et je serai très heureux. Peut-être qu'elle mourra et… ce sera douloureux, mais je ferai avec. » J'étais très fier de lui. Je lui ai répondu : « D'accord. »

Celui du milieu est plus blessé, car je ne lui accorde pas assez d'attention. J'essaie donc de le serrer dans mes bras autant que possible. J'essaie de ne pas renoncer à leur lire leur histoire avant de dormir.

Ma fille cadette m'a demandé comment on fêtera son anniversaire dorénavant. La date tombe une semaine avant le 7. À sa manière, elle a compris. Ma mère leur faisait des gâteaux à chaque anniversaire. Elle leur faisait des gâteaux très spéciaux. Ma fille s'inquiète donc de savoir qui va remplir les fonctions de sa grand-mère.

Le 13 novembre 2023 au soir, Yonatan Zeigen a appris que la dépouille de sa mère, Vivian Silver, a été formellement identifiée. Elle avait 74 ans.

Six jours plus tard, nous lui adressons le message suivant : « Cher Yonatan. Je vous réitère mes sincères condoléances à l'occasion du décès de votre aimable mère. J'ai vu qu'une belle cérémonie avait été organisée. J'espère qu'elle vous a apporté un peu de réconfort dans ce qui doit être l'un des moments les plus difficiles de votre vie. Alors que vous honorez l'héritage de votre mère, je voudrais également vous demander si vous souhaitez ajouter quelque chose à ce que vous m'avez dit à son sujet lors de notre dernière conversation. Est-ce que sa disparition modifie votre combat pour la paix, votre vision de l'avenir ? »

Sa réponse tombe quelques heures plus tard : « Je vous remercie pour vos mots. Sa disparition ne change pas mon point de vue, elle le renforce. Nous ne serons en sécurité qu'avec la paix. »

Selon Yonatan Zeigen, le 7 octobre 2023, le kibboutz Be'eri a perdu plus d'une centaine de ses résidents, soit près de 10 % de la communauté.

Yair Golan

Yair Golan est un héros de guerre, un meneur d'hommes et l'un des pacifistes les plus honnis de la droite israélienne. Ancien chef d'état-major adjoint de l'armée israélienne et commandant du front intérieur à la retraite, blessé dans les combats contre le Hezbollah, il a longtemps fait scandale en dénonçant le comportement immoral de certains soldats israéliens, absous par leur hiérarchie. Le 7 octobre 2023, il parcourt de sa propre initiative le désert du Néguev pour secourir les rescapés du massacre du festival de musique électronique Nova. Il a combattu au Liban en 1982, connu deux intifadas et deux guerres à Gaza en 2008 et 2014. Alors qu'il travaille bénévolement dans les champs des kibboutz ravagés par l'attaque du Hamas, il nous accorde un entretien le 2 novembre 2023, à l'aube, persuadé qu'un nouvel espace pour la paix va s'ouvrir.

J'étais à la maison, chez moi quand les premières nouvelles du sud sont arrivées. Les événements étaient si inhabituels que je devais agir. J'ai revêtu mon uniforme et je suis allé directement au commandement du Front intérieur, au sud, que j'ai dirigé durant plusieurs années. Quand j'ai vu les premières évaluations de l'état-major, je me suis dit : « C'est incroyable ! Cela dépasse tous les pires scénarios d'attaque que l'on avait envisagés. » La situation était si imprévisible que j'ai dit au commandant responsable de la frontière sud que je serais son envoyé personnel à la frontière. J'ai pris un fusil et je suis allé directement vers le kibboutz Urim.

Quand je suis arrivé, la bataille venait tout juste de se terminer. J'ai donc aidé les officiers et les soldats à se réorganiser et soudain, j'ai reçu un appel de ma sœur : « Un ami m'a donné la localisation de trois jeunes qui se sont cachés en fuyant le festival Nova, dans le désert, dans des buissons. Tu peux les sauver ? ». Demander à une force militaire d'aller là-bas était évidemment impossible. Comme je connais bien le terrain, j'ai conduit à travers champs et je les ai trouvés avec l'aide d'un agriculteur local. Au moment de les déposer en sécurité, et alors que nous prenions contact avec l'un de leurs parents, j'ai reçu un autre appel, d'un journaliste cette fois-ci. Il m'a demandé si je pouvais aller chercher son fils au milieu des combats. C'était un endroit très dangereux, au beau milieu des routes encore tenues par le Hamas. À 400 mètres du lieu, j'ai crié dans le désert : « Sortez des buissons, regardez à droite, je suis sur la route, sur le chemin. Vous verrez les phares de ma voiture allumés. Courez le plus vite possible vers ma voiture. » Et c'est exactement ce qu'ils ont fait. Deux personnes. Et puis, de façon incroyable, j'ai reçu un autre appel. Je n'ai aucune idée de la façon dont mon numéro de téléphone a circulé entre les familles. Je n'en sais rien. De nouveau un homme m'a demandé si je pouvais sortir un jeune de la zone des combats. En m'approchant, j'ai vu un massacre. Beaucoup de corps des deux côtés de la route. C'était vraiment terrible. Je suis ensuite tombé sur deux voitures militaires qui m'ont escorté. On a rejoint une orangeraie et on a crié « Yuval ! », c'est son nom, « Sors, sors, c'est O.K., tu es en sécurité ! » Soudain, il a sauté des branches d'un arbre et en quelques secondes il était dans ma voiture. C'est la sixième personne que j'ai sortie de la zone des combats ce jour-là.

Les médias israéliens en ont parlé parce que c'était une sorte de lumière au milieu de la nuit noire, mais je n'ai pas de mérite. Je n'ai pas tiré un coup de feu. J'ai simplement secouru des jeunes qui s'étaient sauvés eux-mêmes avant mon arrivée.

Détruire le Hamas, c'est le premier but de cette guerre. C'est réaliste et nécessaire. Nous devons éliminer la branche militaire du Hamas et l'empêcher à l'avenir de recouvrer ses capacités.

La libération des otages est un deuxième objectif. Les otages sont un trésor précieux pour le Hamas. Et ils vont les utiliser pour servir leur cause. Je crois qu'Israël devra libérer de nombreux prisonniers palestiniens pour récupérer nos soldats et nos civils. Ne soyons pas naïfs. Nous ne pouvons pas faire libérer les otages simplement par la force.

Netanyahou et ses alliés étaient persuadés qu'il valait mieux épargner le Hamas pour affaiblir l'Autorité palestinienne, afin de favoriser les projets d'annexion des extrémistes juifs en Cisjordanie. Ils se trompaient en pensant que nous pouvions contrôler notre ennemi le Hamas. Dans un conflit, on ne peut pas « contrôler » son ennemi. Sinon, il ne serait pas un ennemi !

Il y a donc un échec politique et un échec militaire, car nous avons pensé que le Hamas n'était pas assez fort pour lancer une attaque aussi sophistiquée. Et nous pensions avoir suffisamment de troupes bien entraînées pour faire face. C'était faux.

Nous devons être moralement irréprochables. Or, il se passe de plus en plus en Israël des phénomènes qui ressemblent, ou qui font écho aux événements que nous avons vus en Europe pendant les années 1920, 1930 et 1940. Nous devons penser à notre stature morale.

Je crois que c'est seulement par une justification morale que nous pourrons convaincre nos jeunes citoyens de rester ici en Israël. Nous leur demandons beaucoup, le service militaire, une vie sous la menace d'attentats, les guerres. Ils ne peuvent pas payer un tel prix s'ils ne servent pas un objectif plus grand qu'eux-mêmes, qui soit positif pour leur peuple et pour le monde. Cette considération morale est essentielle pour l'existence de notre peuple.

À cause de cette position, certains Israéliens disent que je suis un traître. Vous savez, j'ai servi dans l'armée durant trente-huit ans. Comment pourrais-je être un traître? C'est une façon pour le pouvoir en place de délégitimer ses adversaires politiques et c'est inacceptable.

Dans une situation aussi critique, nous devons penser avec notre cerveau, pas en mettant nos tripes sur la table. Il est naïf de croire que nous l'emporterons seulement par la force. Le combat militaire contre le Hamas pourrait durer des années. Il ne faut pas oublier la légitimité internationale de ce conflit.

Cependant, il est vrai que nous devons combattre l'aile militaire du Hamas. Nous savons que dans ces zones très urbanisées, très denses, le Hamas essaie de garder les civils dans leurs maisons, afin d'avoir un maximum de pertes civiles. Nous n'avons pas attaqué les premiers et le Hamas doit payer le prix de ses actions. Le prix est lourd. Ce n'est pas une question de revanche, pas du tout. C'est une question rationnelle liée à la nécessaire destruction de l'aile militaire du Hamas.

J'ai été député à la Knesset, le parlement israélien, entre 2019 et 2022. Mon ancien parti, le Meretz, qui réclamait un nouveau processus de paix avec les Palestiniens, n'existe plus, mais nous ne devons plus réfléchir selon les anciens schémas. Nous devons nous réinventer. La sécurité d'Israël est notre considération la plus importante. Nous avons besoin d'un pays avec une majorité juive, c'est le sens du foyer juif. Ce foyer doit être sûr, prospère, moderne, libéral et démocratique. Pour obtenir cette sécurité, il ne faut pas se pencher uniquement sur nos capacités militaires. Ce ne sont pas les avions, les bateaux et les tanks seuls qui nous feront nous sentir en sécurité. Nous devons réhabiliter notre diplomatie.

Nous contrôlons aujourd'hui la vie de millions de Palestiniens en Cisjordanie. Cela est très mauvais pour Israël. Je pense qu'il faut définir nos frontières et nous séparer des Palestiniens. Il n'y a pas d'avenir dans l'annexion de millions d'entre eux. La pensée messianique de notre place au Moyen-Orient est dangereuse. Nous devons donner aux Palestiniens leur indépendance civile, tout en gardant entre nos mains la responsabilité de la sécurité, parce que nous ne pouvons pas encore nous fier aux Palestiniens. Je ne vois pas, en ce moment, dans l'arène politique palestinienne, une volonté de vivre côte à côte en paix.

Cette solution de la séparation était celle choisie par l'ancien Premier ministre Ariel Sharon, qui n'était pas du tout de mon bord politique. Il pensait qu'il fallait quitter la bande de Gaza et il l'a fait. Malheureusement il n'a pas intégré l'aspect sécuritaire de ce retrait, il a laissé le Hamas en prendre le contrôle. C'était une erreur.

Nous pouvons conserver plus de 80 % des colonies israéliennes là où elles sont. Mais il faut offrir une compensation aux Palestiniens, la terre pour la terre. Ce n'est pas si compliqué. Si nous voulons atteindre la réconciliation et la paix, nous trouverons un moyen de le faire. Le problème actuel est de savoir si nous voulons la paix ou non, si nous voulons la réconciliation ou non. Malheureusement, en ce moment, il n'y a pas de signe de réconciliation du côté palestinien. Un jour, nous réduirons notre contrôle, nous leur offrirons plus d'indépendance, parce que nous nous sentirons en sécurité avec eux et qu'ils se sentiront en sécurité avec nous.

Le deuil impossible

« Je ne peux pas comparer la Shoah, les cinq à six millions de Juifs qui ont été exterminés, avec cet acte barbare du 7 octobre. »

Yaakov Weissmann – Enfant caché survivant de la Shoah

« Je ne me réveille pas tous les jours en me disant que je déteste les gens qui ont fait ça. »

Ahmed Alnaouq – Habitant de la bande de Gaza, après la mort de 21 membres de sa famille

Yaakov Weissmann et Ahmed Alnaouq

Yaakov Weissmann et Ahmed Alnaouq ne se connaissent pas. L'un est juif israélien, l'autre musulman palestinien. Ils sont en guerre, mais ont en commun d'avoir perdu la majeure partie de leur famille lors d'un confit. Quatre-vingts ans séparent ces deux drames, qui ne peuvent pas être comparés d'un point de vue historique et philosophique. Yaakov est le fils d'un déporté français de la Shoah. Il se nommait alors

Zachary Schindler dans cette autre vie. Il a aujourd'hui 83 ans et vient d'échapper au pogrom de 2023, avec toute sa famille, son épouse, ses trois filles et ses dix petits-enfants, alors qu'ils vivent à quelques centaines de mètres de la bande de Gaza. De nouveau rescapé, de nouveau déplacé, il nous parle depuis la ville israélienne de Modiin où il a trouvé refuge. Entretien réalisé le 27 octobre 2023.

Ahmed Alnaouq, lui, a 29 ans. Il est originaire de Deir-el-Balah dans la bande de Gaza et peine encore à saisir la catastrophe qui vient de frapper sa famille. Le 22 octobre dernier dans sa ville natale, les bombardements ont tué son père, ses frères et sœurs et tous ses neveux et nièces, ainsi qu'un cousin, vingt et un membres de sa famille au total. Un deuil impossible l'accable. Depuis Londres où il vit désormais, il rassemble ses forces pour témoigner. Entretien réalisé le 19 novembre 2023.

Yaakov Weissmann

Le 7 octobre 2023, je suis à la maison avec ma femme dans le mochav[1] de Netiv HaAsara. Il s'agit d'une double fête religieuse, de Sim'hat Torah et du Shabbat. On entend d'abord des tirs de roquette vers 7 heures, assez nourris. Ce n'est pas la première fois, on va donc à l'abri. Et au bout de quelques instants, des tirs de mitraillette à l'intérieur du mochav ! Là, ça veut dire qu'il y a une incursion de forces ennemies ! Le village est assez organisé, donc on reçoit des directives sur notre téléphone. Il faut fermer toutes les

1. Communauté agricole en Israël.

portes à double tour et si on a une arme, la pointer vers la porte principale. J'ai un revolver et donc c'est exactement ce que j'ai fait.

Nous n'avons d'ailleurs pas prononcé une parole avec ma femme durant près de huit heures pour ne pas être repérés. On guette chaque bruit, chaque ouverture dans la maison pour comprendre s'il faut tirer. On agit comme des automates. Les tirs ont duré assez longtemps, jusqu'à quinze heures. L'évacuation a eu lieu l'après-midi par l'armée. Mon épouse est partie avec mes filles et mes petits-enfants, tous sains et saufs, alors que nous ne savions pas si le village était libéré. Moi, je suis resté. Il y avait des cadavres dans les rues, dans les maisons, et le spectacle était sanglant. On a eu 20 morts, dont 6 membres de l'équipe d'intervention militaire. Des réservistes assez jeunes, équipés de fusils américains M16 et de gilets pare-balles datant de la Seconde Guerre mondiale. Face aux troupes surarmées du Hamas, on ne faisait pas le poids.

Notre mochav est à 500 mètres du mur qui sépare la bande de Gaza d'Israël. Nous avions toujours redouté les passages du Hamas par les passages souterrains. Finalement ils sont venus par les airs, par la mer et par la terre. Heureusement, les renforts sont arrivés vers midi grâce à une base militaire toute proche qui a tenu le coup. Ailleurs, l'armée basée à Erez plus au nord ainsi qu'à Réïm aurait dû intervenir, mais elle luttait alors pour sa survie. De plus, les moyens de transmission ont été détruits par le Hamas tout au début de l'attaque. On a reçu une claque retentissante de la part du Hamas. Il y a 800 habitants ici et 21 d'entre eux ont été tués. Je connais tout le monde. Les jeunes qui sont morts ont 35 ans ou 40 ans maximum, et ils ont laissé des veuves et des enfants en bas âge. C'est très dur. On a pu enterrer nos morts seulement après quatre ou cinq jours. Il y a ensuite la semaine de condoléances, où on va voir les familles qui sont en deuil pour les réconforter. C'est exténuant d'un point de vue moral.

Moi, je suis né en 1940 en France et mes parents vivaient à Lyon en zone libre. En 1944, mon père a été pris par la milice française et a été envoyé en Auschwitz. J'ai perdu 80 % de ma famille, parce que tous mes oncles, mes tantes et mes grands-parents sont morts à Auschwitz. J'ai vécu la guerre en tant qu'enfant caché, dans les environs de Lyon, chez un couple qui nous avait pris en charge et qui me faisait passer pour son neveu. Ensuite, quand j'ai grandi, je n'ai pas eu tellement à souffrir de l'antisémitisme en France, mais j'ai fait la connaissance d'un mouvement sioniste et je suis venu en Israël à l'âge de 19 ans. Je ne peux pas comparer la Shoah, les cinq à six millions de Juifs qui ont été exterminés, avec cet acte barbare du 7 octobre. Nous avons subi une attaque de la part d'un fragment de la population arabe, alors que la Shoah a été menée par une puissance mondiale, l'Allemagne ! Je peux juste dire qu'il y a une ressemblance entre le Hamas et le mouvement nazi : la haine, l'apogée de la destruction et de la mort. En tant que sioniste, je pense que le but du sionisme est au contraire de reconstruire.

Mon existence par rapport au nazisme, je la vis comme une vengeance. Je me suis vengé du nazisme en venant en Israël et en fondant une famille. J'ai des enfants, des petits-enfants et des arrière-petits-enfants maintenant. Ma vengeance vis-à-vis du Hamas consistera à retourner dans ma maison, à continuer à vivre, à prospérer et à encourager mes enfants à avoir des enfants. Voilà ce que sera ma vengeance.

Je me suis installé en 1974 dans le premier mochav de Netiv HaAsara, au sud de la bande de Gaza dans le Sinaï, qui se trouve aujourd'hui en territoire égyptien. On faisait nos courses dans la bande de Gaza. Ma fille a appris à conduire avec un professeur d'auto-école de Rafah. Le premier vélo que j'ai acheté, c'était à Rafah ! On achetait les légumes à Rafah. Il n'y avait aucun problème. C'est seulement lorsque le gouvernement israélien a rendu le Sinaï aux Égyptiens en 1982 que la population de Rafah a changé d'attitude. Elle a commencé à nous lancer des pierres. C'est devenu anti-israélien d'un bout à l'autre de la ville. Même quand on allait dans le nord, à Tel Aviv, on traversait la bande de Gaza, tout le long de la route, on nous lançait des pierres, il y avait des embuscades.

Selon moi, la population arabe est convaincue qu'Israël ne devrait pas exister et ne veut aucun Juif en Israël. Elle subit un bourrage de crâne contre nous. Israël, c'est « le méchant », et dès leur plus jeune âge, les enfants palestiniens sont dressés à haïr les Juifs, à haïr les Israéliens. On voit les gosses s'entraîner aux armes, cracher et marcher sur le drapeau israélien, blasphémer. Dans la haine, on ne peut rien construire. Je leur disais toujours : « C'est dommage parce que vous êtes des travailleurs. » Ce sont des gens intelligents. Ils auraient pu faire de la bande de Gaza quelque chose de sensationnel, comme Hong Kong !

J'ai gardé contact avec un de mes ouvriers qui habitait à Beit Hanoun dans le nord de la bande de Gaza. Un beau jour, il voit que les gens du Hamas ont installé un mortier dans son orangeraie et il n'a pas pu les en empêcher. Ceux qui souffrent le plus du Hamas, ce sont les habitants de Gaza. J'ai un autre ami qui était dans une mauvaise passe, il n'avait pas de quoi manger. On lui envoyait chaque mois 250 euros. Il y a six mois, il a reçu la permission de venir travailler en Israël. Il a trouvé un travail plus stable dans le nord d'Israël. Mais depuis le 7 octobre, je ne veux pas lui téléphoner, de peur que le Hamas ne l'accuse de collaborer avec Israël.

En 1982, après avoir dû évacuer le Sinaï où se trouvait notre premier mochav, j'ai fait le choix de m'installer tout à côté de la bande de Gaza, car il fallait trouver des terrains agricoles. Personne ne pensait alors cultiver dans des dunes, mais nous, nous savions cultiver dans le sable grâce à l'invention du goutte-à-goutte. Le gouvernement demandait 70 familles venant du Sinaï. À l'époque, énormément d'habitants de Gaza allaient travailler en Israël avec leurs voitures. C'est seulement vers les années 2002-2003, lorsque le Hamas a pris possession de la bande de Gaza en chassant l'Autorité palestinienne que les choses se sont aggravées. Il y a eu énormément d'attentats. Il y a eu aussi ce qu'on appelait à l'époque les « Qassam », des petits explosifs qui étaient envoyés sur le territoire israélien par le Hamas. Énormément d'Arabes gagnaient leur vie en Israël. Logiquement en 2005, avec la construction d'une barrière de protection, le chômage dans la bande de Gaza a atteint 50 %. Tous les employés arabes que je connaissais se plaignaient du Hamas.

La paix est possible, il faudra d'abord arrêter avec la haine, arrêter de dresser la population arabe contre Israël. Il faut qu'il y ait des échanges commerciaux et intellectuels entre les Arabes et Israël, et ensuite on pourra avancer. Mais dire qu'il faut tout de suite un État palestinien, cela affaiblirait nos frontières. On est déjà assez entourés d'ennemis, sans rajouter encore des forces hostiles à nos portes. On a un problème avec nos voisins arabes. Beaucoup se considèrent comme palestiniens. J'accuse les médias, l'ONU et l'UNRWA. Selon eux, dès qu'un réfugié adopte la nationalité d'un autre pays, il n'est plus réfugié. Sauf pour les Palestiniens ! Ils restent des réfugiés, de génération en génération, leurs enfants, leurs petits-enfants, ceux qui sont partis aux États-Unis ou dans des pays arabes. L'ONU a créé un organisme spécial pour les réfugiés palestiniens, l'UNRWA. Donc les Palestiniens ont une place à part, ils sont protégés, ce qui renforce les tensions, et exporte à l'étranger la question palestinienne, selon moi.

Ahmed Alnaouq

J'étais en Turquie, à Istanbul, où je célébrais l'anniversaire de ma fiancée. Nous avions planifié ces vacances depuis des mois. Après avoir quitté Gaza, elle est arrivée le 5 octobre. Tout était parfait les deux premiers jours. Le 7 octobre, je me suis réveillé et j'étais terrifié par les scènes d'assassinat de civils israéliens. Ce n'est pas nous. Les Palestiniens ne tuent pas de civils. J'étais terrifié aussi parce que je connais la mentalité israélienne. Je sais que chaque fois qu'un Israélien meurt, quelques centaines de Palestiniens doivent mourir en retour. J'ai compris tout de suite qu'il y aurait un immense massacre à Gaza. Ma belle-mère, qui était également avec nous en Turquie, nous a appelés le soir en larmes. Elle m'a dit qu'Israël avait bombardé sa maison, la maison de ma fiancée, et que son frère était à l'intérieur et qu'il avait été tué. Il n'était pas un militant, bien sûr. Il était un civil, et une personne qui ne s'intéressait pas à la politique. Voici notre première nuit de guerre.

Une fois de retour à Londres, j'appelais ma famille tous les jours à Deir-el-Balah pour m'assurer qu'ils allaient bien. Nous avions créé un groupe WhatsApp. Ils me disaient qu'ils étaient horrifiés, qu'ils n'avaient pas d'eau, que la nourriture était rare et que mes sœurs, qui sont mariées, étaient venues s'abriter chez nous, dans la maison où j'ai grandi. L'une d'elles a vu sa maison bombardée, mais s'en est sortie. Mon frère, mes trois sœurs et tous leurs enfants dormaient donc ensemble sous le même toit.

Le 22 octobre 2023, je leur ai envoyé un message : « Comment allez-vous ? Vous tenez le coup ? » Pas de réponse. J'ai tenté de dormir, mais j'étais paniqué. Je me suis réveillé et j'ai vérifié mon WhatsApp. Beaucoup d'amis m'avaient envoyé des messages aussitôt effacés. Puis quelqu'un m'a appelé pour m'annoncer que la maison de ma famille avait été bombardée et que tout le monde avait été tué. Sans exception. Mon père, mes deux frères, mes trois sœurs, un cousin et les quatorze enfants de mes frères et sœurs, 21 membres de ma famille. Ma famille n'était pas un bouclier humain. Il n'y avait pas de militants dans la maison. Ma famille se croyait en sécurité.

Cela s'est passé à Deir-el-Balah, à mi-chemin entre Gaza et Khan-Younès, un endroit qui n'était pas censé être bombardé parce que les gens devaient se déplacer vers le sud pour être en sécurité. Je ne me rends toujours pas compte qu'ils sont tous partis… Je ne sais même pas qui a été enterré et où parce que nous n'avons pas pu récupérer les corps de beaucoup d'entre eux. Récemment le cimetière de ma famille à Deir-el-Balah a été bombardé. C'est là que se trouve la tombe de ma mère, de mon grand-père et de ma grand-mère. Pour l'amour de Dieu, qui voudrait bombarder un cimetière ? Ils l'ont fait ! Comme s'ils nous punissaient alors que nous sommes déjà morts.

Je ne me réveille pas tous les jours en me disant que je déteste les gens qui ont fait ça. La seule chose qui me préoccupe en ce moment, c'est de mettre fin à cette folie, à cette guerre, à ce conflit. Je veux vivre en paix. Nous ne voulons pas nous venger, ni tuer, ni faire quoi que ce soit. Nous voulons simplement vivre en paix dans nos maisons et sur nos terres. Je n'ai pas de rancune envers des gens en particulier. Je déteste simplement l'idéologie qui pousse les gens à tuer des innocents et des civils.

Maintenant je me bats et je parle beaucoup dans les médias. C'est un travail difficile, mais c'est le seul que je puisse faire. Nous ne pouvons pas rester isolés. Nous devons parler, parce que nous voulons mettre fin aux souffrances de notre peuple. C'est une responsabilité, c'est un devoir que je dois accomplir. Par exemple, j'ai parlé récemment devant des élus britanniques afin de les convaincre de voter en faveur d'un cessez-le-feu. Je leur ai parlé de ma famille, de ce qui leur était arrivé et du fait qu'il s'agissait d'une guerre contre le peuple palestinien. Malheureusement, j'ai été très déçu d'apprendre qu'ils avaient voté non. Dans le même temps en Espagne, nous assistons à de nombreuses discussions sur la reconnaissance de l'État palestinien. Certains ministres espagnols disent qu'Israël commet des massacres contre le peuple palestinien. Et c'est un discours que nous saluons tous.

À l'avenir, je ne veux pas faire de politique. La seule chose que je ferai, c'est écrire. Écrire sur le peuple palestinien et plaider pour la paix. Vous entendez parler du nombre de morts dans cette guerre, mais vous ne connaissez pas les histoires de chacun d'entre eux.

Je vais donc vous parler de ma famille. Mon père, Nasseri, était un déplacé de 1948. Il est né quelques mois seulement après la Nakba, d'une famille basée à Jaffa et à Gaza. Il avait 75 ans. C'est la personne la plus compatissante et la plus talentueuse que j'aie jamais rencontrée. Il a vécu toute sa vie sous l'occupation, le blocus, le siège, la guerre, puis il a été tué par les Israéliens. Sa vie et sa mort ont été déterminées par l'armée israélienne. Il avait travaillé sur des chantiers de construction en Israël durant trente ans. Quand la frontière a été fermée, il a travaillé en tant que chauffeur de taxi à Gaza.

Ma sœur aînée, Wala, était ingénieure en informatique. Elle avait 36 ans et elle était très intelligente, très douée. Elle était professeure de technologie. Elle avait quatre enfants, trois filles et un fils, qui ont tous été tués. Mon autre sœur, Alaa, est la jumelle de mon frère Muhammad, tous deux âgés de 35 ans. Allah était enseignante remplaçante. Elle avait cinq enfants. Elle était la personne la plus gentille que vous puissiez rencontrer. Ma troisième sœur Aya venait d'obtenir un double diplôme en informatique comptabilité. Elle venait de trouver un emploi à distance, en ligne. Elle avait trois enfants et tous ont été tués.

Quand j'étais enfant, mon père nous racontait souvent des anecdotes sur les Israéliens. Une fois, alors que j'avais huit ans, il est rentré à la maison et il m'a rapporté sa conversation avec un Israélien. Selon ce dernier, le monde était constitué d'animaux créés pour servir les Israéliens. Comme ils n'aimaient pas la forme de ces animaux, ils auraient demandé à Dieu de les transformer en animaux ressemblant à des humains et c'est ainsi que nous aurions pris la forme d'humains. « Nous sommes toujours des animaux pour les Israéliens. Nous les dégoûtons », m'a dit mon père. Je ne dis pas que tous les Israéliens pensent ainsi, bien sûr que non, mais cette histoire s'est imprimée dans ma mémoire.

Aujourd'hui, l'un de mes meilleurs amis est israélien, il est juif. Je l'aime beaucoup. Lui et moi avons lancé un projet ensemble dans lequel nous écrivons nos histoires, des histoires palestiniennes en hébreu pour que le public israélien apprenne à nous connaître. Le projet s'appelle « Across the World ».

Je dirige aussi une organisation appelée « We Are Not Numbers », qui est née après la guerre de 2014, au cours de laquelle j'ai perdu mon frère. J'étais tellement déprimé qu'on m'a demandé d'écrire une histoire sur mon frère. J'ai alors écrit un récit en anglais et je me suis senti mieux après. Nous avons décliné cette idée avec de très nombreux autres Palestiniens qui avaient perdu des êtres chers. Aujourd'hui, c'est une plateforme permettant aux jeunes Palestiniens et aux réfugiés d'écrire leur histoire en anglais, avec l'aide d'écrivains étrangers, et de la partager avec le monde entier. J'ai ensuite obtenu une bourse pour faire mon master en journalisme à l'université de Leeds, puis je me suis installé à Londres pour travailler. J'ai donc quitté Gaza il y a quatre ans.

J'aimerais beaucoup y retourner. Nous devrons reconstruire Gaza. Le problème, c'est que nous ne savons pas si Israël se retirera un jour de Gaza. Peut-être veulent-ils l'occuper de nouveau.

Le Hamas responsable ?

Journaliste : « Beaucoup de gens demandent : Puisque vous avez construit 500 kilomètres de tunnels, pourquoi ne pas avoir construit des abris anti-bombes afin que la population puisse s'y réfugier durant les bombardements ? »
Moussa Abou Marzouk, numéro 2 du Hamas : « Nous avons construit les tunnels, car nous n'avons aucun autre moyen pour éviter d'être ciblés et tués. Les tunnels nous permettent de ne pas être vus par les avions. Nous combattons depuis les tunnels. Tout le monde sait que 75 % de la population de Gaza sont des réfugiés, et il incombe à l'ONU de les protéger. »

Russia Today, 27 octobre 2023.

Ahmed Moustafa

« [...] D'après ce que je vois dans les déclarations des médias, qui dépeignent les factions armées comme si elles allaient parfaitement bien alors même que l'armée israélienne pénètre au cœur de la ville de Gaza, les tunnels sont à eux, les dirigeants se portent bien et ils mènent une guerre féroce à laquelle ils semblent s'être préparés de longue date, ce qui signifie qu'elle durera longtemps. Pourtant, il semble que nous, les civils, n'ayons aucune place dans leurs calculs et leurs plans. Si nous l'avions, nous trouverions – au minimum – un stock de produits de première nécessité pour assurer la satisfaction de nos besoins pendant une longue période, au lieu d'assister à l'effondrement des systèmes d'alimentation, d'eau, de médicaments et d'électricité. Tout cela s'est produit au cours de la première semaine de l'attaque militaire israélienne contre la bande de Gaza […] J'écris depuis le cœur de la bande de Gaza, avant que l'Internet et les réseaux de communication cellulaire ne soient coupés, et j'enregistre moi-même mes paroles, afin que notre silence ne soit pas interprété comme une acceptation ou une forme de ténacité volontaire. Et si quelqu'un vient me dire : “Ce n'est pas le moment”, je réponds que cette déclaration peut devenir mon testament à tout moment, fils de pute, et que je ne mourrai pas en silence pour que vous puissiez vivre ivre de mon sang, comme vous le souhaitez. Ici, il y a des hommes qui veulent que demain arrive, des femmes qui veulent que la mort s'en aille, des enfants qui recherchent l'animation de leur quartier loin des hurlements des raids aériens, et des personnes âgées émaciées par le spectre de la Nakba, après qu'elle les a bannies deux fois dans leur vie. Ici, c'est Gaza. » (Post Facebook : 15 novembre 2023)

Ahmed Moustafa, civil de Gaza, dont le post ouvertement critique sur le Hamas a été très remarqué, est un journaliste palestinien et un analyste quantitatif, résidant à l'ouest de la ville de Khan Younès, dans le sud de la bande de Gaza. Il a 28 ans, une sœur et n'a pas de frère, « ce qui l'a rendu plus indépendant », nous écrit-il. Il nous précise que sa mère, directrice d'école à la retraite, souffre d'hypertension chronique. Son père est professeur d'université. Il nous décrit un foyer qui vit dans de « bonnes conditions financières ». Il est pourtant convaincu que le mariage et le fait d'avoir des enfants sont « un crime dans ce pays où la mort peut survenir à n'importe quel instant ». Pour cette raison, il refuse de se marier, il craint, déplore-t-il, de perdre ses proches.

J'ai plusieurs hobbies, je fais des promenades quotidiennes le long de la plage au petit matin, des parties d'échecs avec mes amis, et je m'occupe de chats et de chiens errants, en cherchant des refuges convenables pour les accueillir. Je tiens un journal. À la fin de chaque semaine, je me fais un devoir d'aller dans un restaurant chic, en emmenant un ou deux des enfants pauvres qui vendent des mouchoirs en papier dans la rue. Ils sont heureux de déguster un repas comme le « Shawarma arabe », et je trouve mon bonheur dans leur joie. J'essaie de leur parler, d'apprendre à les connaître et de les aider autant que possible. C'est une façon de me sentir utile. Je parie qu'ils ne connaissent pas le nom du maire de la ville où nous vivons, mais ils se souviennent bien du mien.

Aujourd'hui, je ne sais pas « qui je suis ». Je suis constamment en train d'évacuer les membres de ma famille de notre maison chaque fois que nous entendons les bombardements se rapprocher.

Avant la guerre, j'avais l'habitude de me doucher une ou deux fois par jour, mais depuis le 7 octobre, nous manquons d'eau. Nous marchons plusieurs kilomètres pour en trouver et nous la transportons nous-mêmes jusqu'à nos maisons, sans aucun moyen de transport. Aujourd'hui, je me douche une fois par semaine et je me considère chanceux. Certaines personnes vivant dans des écoles gérées par l'ONU font de longues files d'attente juste pour uriner et ne se sont pas douchées depuis cinquante jours. Imaginez à quel point le bain devient un luxe dans cette guerre !

J'ai perdu mon travail d'analyse quantitative à cause d'une panne d'électricité il y a cinquante jours. Cela empêche mon ordinateur de fonctionner et moi d'effectuer les tâches qui m'incombent. Maintenant, je passe chaque jour à essayer de recharger mon téléphone en faisant la queue devant les maisons des gens qui ont de l'énergie solaire. Et je ne peux plus me promener sur la plage, car les navires de guerre israéliens attaquent chaque jour les côtes de Gaza avec des missiles. Il n'y a plus d'amis avec qui jouer aux échecs ; je n'ai plus de nouvelles de certains, depuis plus d'un mois. J'ai seize amis, hommes et femmes, qui ont été tués dans cette guerre par des frappes aériennes israéliennes – tous des civils qui aimaient la vie et cherchaient la sécurité. J'attends la fin de la guerre pour pouvoir écrire sur chacun d'entre eux et les immortaliser, si je survis.

Ma mère a besoin d'un comprimé par jour pour son hypertension chronique. Je ne comprends pas en quoi empêcher l'arrivée de ses médicaments contribue à l'effort de guerre. J'espère que ma mère va survivre.

La semaine dernière, j'ai vu l'un des enfants avec qui j'allais au restaurant. Je l'ai serré dans mes bras et lui ai demandé des nouvelles de ses amis. Il m'a dit que trois d'entre eux avaient été tués parce que les avions israéliens avaient pris pour cible leurs maisons. Parmi eux, il y avait (Odai), 6 ans, qui rêvait d'aller à l'école, mais ne pouvait pas le faire parce qu'il devait vendre des mouchoirs en papier pour payer les médicaments de son père malade. Le second était Mohammed, 9 ans, qui rêvait de grandir et d'acheter une maison au lieu de vivre dans un endroit minuscule loué à un prix élevé. Les avions avaient déjà bombardé leur maison pendant la guerre de Gaza de 2014. Le troisième était Bassem, âgé de 7 ans, dont le seul rêve était la mort. Il m'a dit un jour : « J'espère ne pas me réveiller demain », j'ai pleuré en entendant cette phrase. Quand je lui ai demandé pourquoi il voulait mourir, il m'a répondu : « Les enfants vont au paradis, et au paradis, il y a de la nourriture, contrairement à chez moi. » Qui s'en soucie ? Et qui a dit que les rêves ne se réalisent pas ? Son rêve s'est réalisé…

Je n'oublierai jamais ma tante (Samera), son enfant (Sherif) et son mari (Tawfiq), tous des civils innocents. Pourtant, ils ont été tués lors d'une frappe aérienne, ici à Khan Younès, dans une zone qu'Israël prétend sûre et où les gens sont encouragés à se rendre. Je n'aurais jamais imaginé chercher des doigts, des têtes et des pieds, mais c'est ce que j'ai vu chez ma tante, son fils et son mari, tous accablés, et incapables de faire quoi que ce soit pour les ramener.

Comme je l'ai déjà mentionné, je vis à l'ouest de la ville de Khan Younès, et à 25 mètres de mon habitation se trouve une école des Nations unies. Elle est devenue un refuge pour les personnes déplacées. Il y a cinq jours, des avions israéliens ont pris pour cible une station civile de distribution d'Internet située au-dessus d'une maison de notre quartier. Les pierres ont brisé deux de nos fenêtres, et une pierre est tombée sur le lit de ma sœur, mais la chose la plus importante est qu'une pierre est tombée sur la tête d'une des personnes déplacées venant du nord de Gaza, fuyant la guerre et répondant à la demande de l'armée israélienne d'aller vers le sud. Malheureusement, la pierre lui est tombée sur la tête alors qu'il dormait dans la cour de l'école. Il est mort sur le coup. N'oubliez jamais que nous nous trouvons dans des zones sûres !

Ce qui se passe actuellement à Gaza peut être résumé par le médecin qui pleurait à chaudes larmes à la porte de l'hôpital il y a quatre jours. Il soignait un petit enfant souffrant d'une profonde blessure à la jambe, nécessitant une amputation. L'hôpital n'avait plus d'anesthésie médicale pour endormir la douleur. Le médecin a dû amputer la jambe de l'enfant sans anesthésie et, malheureusement, le cœur de l'enfant s'est arrêté pendant l'opération en raison de l'intensité de la douleur.

Il n'y a pas d'avenir clair pour Gaza. Les enfants ne sont-ils pas l'avenir de toutes les nations ? Quel pourrait être l'avenir de Gaza et de ses deux millions de citoyens si personne ne se préoccupe de leur vie ? Le monde est témoin, au 49e jour de la guerre, de plus de 8 176 enfants tués, 16 200 enfants blessés, 19 500 enfants orphelins et 460 000 enfants qui ont perdu leur maison. Je parle d'un demi-million d'enfants affectés par la guerre jusqu'à présent, selon les statistiques de l'Observatoire euro-méditerranéen des droits de l'homme. Quel est leur avenir ? Comment peut-on les convaincre qu'il existe un processus de paix possible avec Israël alors qu'ils ressentent de la colère après avoir été blessés et avoir perdu leurs pères et leurs amis ? Si Israël veut coexister avec les jeunes Palestiniens, il doit cesser la guerre immédiatement et comprendre qu'il n'y a pas de chemin vers la paix parce que la paix est le chemin.

Le Hamas porte l'entière responsabilité de toutes ses actions depuis le 7 octobre, et il est responsable de ne pas avoir assuré un approvisionnement suffisant en produits de première nécessité pour les civils de Gaza, qu'il s'agisse de nourriture, d'eau ou de carburant. Cependant, le Hamas devrait-il être le seul responsable de tous les civils tués chaque jour par Israël ? Ce n'est pas logique, car rejeter toute la responsabilité sur le Hamas reviendrait à donner à Israël le feu vert pour nous tuer tous. Si Israël cherche à minimiser les pertes civiles, pourquoi refuse-t-il aux Palestiniens d'emprunter le point de passage de Rafah avec l'Égypte ? N'oubliez pas qu'Israël décide actuellement de tout ce qui entre ou sort de Gaza, qu'il s'agisse de camions d'aide ou de personnes qui voyagent.

Si vous me demandez qui les habitants de Gaza détestent le plus, et pourquoi, je vous répondrai que les gens n'aiment pas celui qui les tue ou celui qui fait du commerce en leur nom. Ceci est une réponse au « pourquoi », afin que vous puissiez trouver le « qui ».

Pas de grand pardon

Mohammad Darawshe

À lui tout seul, Mohammad Darawshe incarne toutes les douleurs qui traversent actuellement la communauté à laquelle il appartient. Un ensemble qui ne connaît pas de consensus et qui ne fait pas consensus. La plaie la plus ancienne qu'il porte est sans doute celle de son identité. Ce sexagénaire se définit comme un Palestinien d'Israël. Il appartient à ce groupe qui pèse 20 % de la population de l'État hébreu. Un citoyen israélien sur cinq n'est pas juif. Mohammad est musulman, mais il revendique ouvertement et très explicitement son appartenance à un État dont le gouvernement a pourtant, en 2018, fait inscrire dans ses lois fondamentales un texte définissant Israël comme l'État nation du peuple juif. Un texte vécu comme une rétrogradation statutaire par de nombreux Israéliens non juifs qui dénoncent une menace à l'égalité entre les citoyens et l'instauration d'une classe de seconde zone.

Le 7 octobre remet ces blessures en lumière et en ajoute d'autres. Mohammad Darawshe œuvre depuis de nombreuses années pour la coexistence pacifique entre Juifs et Arabes. Il est le directeur stratégique de la plus grande institution israélienne d'éducation à la paix dans la région, le centre Givat Haviva. Les relations judéo-arabes en Israël, c'est presque toute sa vie, nous dit-il. Encourager les citoyens arabes d'Israël à participer à la vie démocratique du pays est l'un de ses principaux chevaux de bataille. Un engagement qui l'a porté jusqu'au parlement israélien, la Knesset, où il a notamment travaillé pendant de nombreuses années pour des partis politiques arabes dont il a parfois dirigé les campagnes électorales.

Le 7 octobre 2023, Mohammad Darawshe a perdu beaucoup, comme les autres, peut-être un peu plus que les autres. Entretien réalisé le 22 novembre 2023.

Mon cousin Awad était… C'est dur de parler de lui au passé… Mais c'était un jeune homme de 23 ans, très beau, qui a décidé dès l'âge de 16 ans qu'il voulait sauver des vies. Il a donc passé son premier certificat d'ambulancier à 16 ans et a poursuivi ses études dans ce domaine. À 18 ans, il est parti étudier la médecine en Europe de l'Est, en Géorgie. Quand le COVID a frappé, il est revenu et a décidé que la médecine n'était peut-être pas faite pour lui, car il ne voulait pas s'occuper de patients. Il est donc retourné suivre une formation supérieure d'auxiliaire médical et est devenu ambulancier.

Il était en poste le soir de la fête Supernova. Il pensait soigner des égratignures, des gens qui avaient trop bu, ou évacuer vers l'hôpital des personnes en état d'overdose, comme cela arrive dans ce genre de soirée. La veille du 7, lorsque nous lui avons parlé, il nous a dit qu'il terminait son service le samedi, à midi. Personne n'avait prévu qu'à 6 h 30, il serait parmi les premiers témoins du drame. Les roquettes ont commencé à tomber. Lui et ses équipiers ont couru vers les premiers blessés et aidé ceux qu'ils pouvaient sauver avec les pansements qu'ils avaient. Il essayait de fermer les plaies, sur les bras, les torses et les jambes. Lui et ses collègues ont continué à se précipiter d'un blessé à l'autre jusqu'à ce que les tirs commencent à se rapprocher. Le commandant de l'équipe leur a demandé d'évacuer les lieux. Awad a refusé. Il leur a dit : « Vous, partez, vous devez vous échapper ! » Le reste de l'équipe était juif, alors Awad pensait que, parce qu'il était un Arabe palestinien parlant l'arabe et ayant l'air arabe, les assaillants l'épargneraient et lui permettraient peut-être de continuer à fournir des soins médicaux. Il pensait sans doute cela parce qu'il était musulman pratiquant et qu'il croyait en l'islam, il pensait accomplir le devoir de Dieu en étant là au bon moment pour sauver des gens. Cela n'a pas duré très longtemps.

Lorsque ses collègues juifs se sont retournés, ils ont vu Awad se faire tirer dessus et tomber, toujours avec des pansements dans les mains. Il était en train de courir vers le prochain blessé, mais lorsqu'il est tombé, il n'a trouvé personne pour soigner ses blessures.

Il a fallu trois jours pour que les services puissent retrouver son corps, car certains corps étaient piégés et les équipes d'évacuation n'ont pas pu récupérer tous les corps en temps voulu, si bien qu'Awad s'est vidé de son sang pendant trois jours sur le site. Voilà son histoire. Il est resté dans la zone de guerre pendant environ une heure, probablement 59 minutes, pour soigner des blessés, car il voulait que l'on se souvienne de lui comme d'un héros médical qui a refusé de quitter ses patients et qui est resté fidèle à son humanité, mais le prix à payer a été très élevé.

Le 7 octobre change tout. Tout d'abord, il y a l'ampleur des pertes. Ce n'est pas la première fois que nous perdons quelqu'un, mais j'ai aussi… beaucoup d'autres amis qui ont perdu des amis. Des amis juifs israéliens dont l'un a perdu son fils, un autre son neveu, un autre sa fille et son petit ami. J'ai perdu une amie, Vivian Silver, qui était une militante pacifiste avec laquelle je travaillais depuis vingt ans et dont j'étais très proche. L'ampleur des pertes est donc très, très significative sur le plan personnel, mais aussi sur le plan collectif pour nous, les citoyens palestiniens d'Israël, qui avons également perdu tant de choses…

Nous avons perdu une grande partie de notre statut dans le pays. Les Juifs israéliens, pas tous, je dois le dire, mais beaucoup, la plupart d'entre eux, en période de crise, nous considèrent comme appartenant à l'ennemi et non comme des concitoyens. Ils se réfèrent à notre identité ethnique. Vous l'entendez donc dans le langage, c'est le langage de la survie du peuple juif, de la protection du peuple juif et de la rhétorique du « plus jamais ça », de la résistance aux nazis. Et puis tous les Palestiniens, tous les Arabes et tous les musulmans sont leurs ennemis. Nous ne sommes plus que des âmes sur lesquelles ils peuvent exercer leur colère et leur frustration au niveau civil.

Nous sommes donc victimes d'une grande oppression, j'ose utiliser ce terme. Nous nous sentons opprimés, réduits au silence, empêchés d'exprimer une compassion élémentaire à l'égard de nos frères palestiniens, car nous serions vus comme des soutiens du Hamas et de la terreur. Nous prenons le parti des victimes israéliennes et des victimes palestiniennes. Mais la société juive israélienne veut que nous choisissions un camp. Alors nous nous rangeons du côté des victimes israéliennes !

Ainsi, sur le plan politique, nous sommes opposés à l'occupation israélienne, mais nous sommes également opposés à l'attaque du Hamas contre les civils israéliens. J'ai assisté aux funérailles de mes amis juifs israéliens, mais j'ai aussi des amis palestiniens victimes. L'un des étudiants de mon organisation de coexistence pacifique judéo-arabe, un jeune Arabe d'Israël, citoyen israélien, dont la mère est originaire de Gaza, a perdu 27 membres de sa famille. Je ne peux pas ignorer sa douleur. Je ne peux pas non plus ignorer cette composante de mon identité, bien que la guerre du Hamas ne soit pas ma guerre, je n'irai pas vivre dans le futur État palestinien. Je resterai en Israël même après la guerre.

Je ne pense pas que la lutte des Palestiniens pour l'indépendance et la liberté soit une mauvaise lutte. Je discute avec eux des méthodes de lutte. Les mécanismes violents sont inacceptables et illégitimes selon moi. Mais les Palestiniens méritent d'obtenir leur patrie et leur combat pour se débarrasser de l'occupant est juste. Encore une fois, je ne suis pas d'accord avec les méthodes violentes et je ne souhaite pas que ce conflit altère les relations que j'entretiens avec mes collègues juifs israéliens. Le soutien maximal que je peux apporter aux Palestiniens est donc un soutien moral, médical, une aide alimentaire humanitaire… Mais je refuse de m'engager dans la violence à laquelle Ismaïl Haniyeh nous a appelés. Il nous a demandé de nous joindre aux combats et de brûler les rues d'Israël. Nous devons penser à demain, à nos relations avec la population juive israélienne, qui se trouve dans les mêmes bus, dans les mêmes universités, sur les mêmes lieux de travail que nous. Par conséquent, nous nous comportons de manière très responsable, ce qui n'est pas le cas de la population juive israélienne en ce moment. Et nous ressentons une forte oppression qui se traduit par l'expulsion de personnes (de leurs lieux de travail, des universités).

Depuis le début de l'année, près de 220 citoyens arabes ont été tués par des criminels. Moins de 15 d'entre eux ont été traduits en justice. Le mois dernier, 300 citoyens arabes ont été arrêtés pour avoir posté sur les réseaux sociaux quelque chose qui n'était pas agréable aux oreilles des Juifs israéliens. 260 d'entre eux ont déjà été arrêtés et près de 60 ont été traduits en justice. Comme quoi, ils savent être efficaces quand ils le veulent! Mais c'est une chasse aux sorcières, c'est du maccarthysme, c'est du silence, c'est de l'oppression. Menée par la police, qui se conforme à la ligne de l'extrême droite aux commandes en Israël. Parti qui pense que c'est peut-être l'occasion de rétrograder le statut des citoyens arabes, de rétablir l'administration militaire, de leur confisquer le droit de vote dans un avenir proche, leur citoyenneté… J'ai peur. Je n'ai jamais eu aussi peur.

Mes enfants disent qu'il est peut-être temps pour nous de partir, que cette société est peut-être incapable d'être inclusive. Je ne sais pas combien de temps il faudra pour réparer les relations entre Juifs et Arabes. Je pense que les dommages que nous accumulons sont terribles, pourtant nous nous comportons de manière très positive. 70 % des citoyens arabes disent aujourd'hui qu'ils s'alignent sur l'État d'Israël! C'est le taux le plus élevé jamais atteint: en juin, ils étaient 48 %, aujourd'hui, ils sont 70 %! Nous faisons preuve d'une certaine forme de patriotisme en soutenant l'État, en reconnaissant la douleur de la société juive israélienne, mais en condamnant ses actions contre les civils. Je ne suis pas sûr que les deux parties soient en guerre. Les extrêmes des deux côtés nous ont amenés à cette guerre. Les victimes des deux côtés sont des civils innocents. Le sionisme religieux nationaliste nous a conduits là en réduisant la liberté des Palestiniens à zéro, ce qui a permis la montée des extrémistes radicaux palestiniens. Et ces derniers menacent la vie et la sécurité des Israéliens.

Si vous voulez la réconciliation, vous devez chercher une solution et ne pas conduire à la confrontation. Les extrémistes ne veulent pas d'un État palestinien. Ils veulent s'emparer de la Cisjordanie et de Gaza. Ils veulent la terre sans les gens. Cela signifie que les Palestiniens n'ont pas de patrie. Regardez comment ils parlent aux habitants de Gaza: « Partez, ce n'est pas notre problème de savoir où, et nous ne sommes pas sûrs que vous pourrez revenir… »

Cette épuration ethnique est assumée, ancrée dans l'esprit du sionisme religieux, et c'est elle qui nous a conduits à cette situation, ainsi que le discours du Hamas, qui nie le droit des Juifs de vivre ici, ce n'est pas leur patrie. Il s'agit d'un conflit territorial national et non d'un conflit religieux. Mais je pense que c'est l'extrémisme religieux des deux côtés qui est responsable de ce qui arrive.

À mes étudiants en master, je dis que chaque conflit est une opportunité parce qu'il secoue une sorte de déséquilibre. Chaque conflit éclate généralement à la suite d'un déséquilibre. Qu'est-ce que l'équilibre ? C'est lorsque vous avez un accord. Vous pesez vos intérêts et vos capacités et vous pesez les intérêts et les capacités des autres, puis vous arrivez à un équilibre, vous arrivez à un accord. Un conflit éclate si le déséquilibre est injuste ou orageux, comme c'était le cas jusqu'au 6 octobre. Un conflit crée donc aussi une opportunité. Le prix à payer est très lourd, il est parfois inhumain comme nous le voyons, nous ne souhaitons donc pas la crise. Et je ne demande à personne de souhaiter une crise. Mais si elle se produit, c'est l'occasion de restructurer le jeu et peut-être les règles du jeu.

Je pense que ceux qui croient pouvoir contourner la question palestinienne et opter pour une paix régionale avec le Bahreïn et les Émirats arabes unis se trompent. Ceux qui ont parlé de passer la tondeuse et de traiter ensuite les problèmes de fond, ont prouvé qu'ils étaient dans l'erreur[1].

D'où la question de la nécessité pour les Palestiniens d'avoir leur propre État, comme l'ont décidé les Nations unies dans le plan de partage de 1947 et dans les résolutions 242 et 338. Vous voulez résoudre les problèmes de fond ? Les voici ! Si nous ne les résolvons pas, il y aura un autre 7 octobre. Ce sera peut-être dans un an, deux ans ou cinq ans, je ne sais pas, mais cela nous donne l'occasion de prendre le taureau par les cornes et de dire qu'il faut maintenant parler sérieusement.

---

1. « Comme ils ne parviennent pas à empêcher la menace militaire du Hamas de resurgir régulièrement dans la bande de Gaza, telle une mauvaise herbe qui pousserait dans leur arrière-cour, ils doivent tout aussi régulièrement revenir la faucher à grands coups d'opérations militaires », Jean-Dominique Merchet, « Gaza : la stratégie de la tondeuse à gazon, *L'Opinion* », 24 octobre 2021.

Pourtant, je ne suis pas très optimiste quant à la volonté et à la capacité des dirigeants politiques israéliens actuels de le faire. L'Autorité palestinienne est peut-être disposée à le faire, mais elle n'en a pas la capacité ; les Israéliens sont peut-être capables, mais pas désireux ; les Palestiniens sont peut-être désireux, mais pas capables. C'est pourquoi je pense que les acteurs politiques locaux, Palestiniens et Israéliens, ne me donnent aucun espoir. L'espoir ne peut naître que s'il y a une solution imposée et je crains que cela se produise aussi rapidement. Le gouvernement américain va bientôt procéder à des élections, mais je doute que quelqu'un d'autre soit en mesure d'imposer quoi que ce soit ici.

Que faisons-nous en attendant la solution ? Il y a deux dynamiques pour la paix. La première est celle dont nous avons parlé au cours des dernières minutes, à savoir l'approche descendante. Elle part des élites vers la population. J'ai rencontré le président Biden il y a trois semaines. J'ai rencontré le ministre allemand des Affaires étrangères il y a dix jours. Je devais me rendre à Paris et rencontrer le président Macron il y a également une semaine. Cela n'a pas fonctionné à la dernière minute. Nous essayons donc de les impliquer pour tenter de ramener la paix dans cette région. Mais en attendant, je ne pense pas que nous devions rester les bras croisés. Nous devons essayer de faire les choses à partir de la base.

Je pense que l'une des erreurs commises a été de suspendre les initiatives de paix interpersonnelles depuis

2006[2]. C'est l'Autorité palestinienne qui a décidé d'y mettre fin, en empêchant les Israéliens d'entrer en Cisjordanie et à Gaza. Pendant dix-sept ans, les Israéliens et les Palestiniens n'ont pas eu d'interactions en tant qu'êtres humains, en conséquence chacun a déshumanisé l'autre. Je pense que le rôle des organisations de la société civile dans les initiatives de paix ascendantes doit être relancé, peut-être pas avec tout le monde, mais au moins avec les personnes qui le souhaitent. Beaucoup sont en colère devant cette situation, il faut canaliser cette colère de manière constructive, et œuvrer pour la coopération entre les chefs d'entreprise, les dirigeants municipaux, les entrepreneurs de haute technologie, les universitaires, et rétablir le contact humain.

2. « La renaissance des projets interpersonnels : éviter à Israël de rendre des comptes », Yara Hawari, MURS, 10 avril 2021.

Penser demain

« Utilisez le recul, mais avec humilité, en vous rappelant que les décisions de vie ou de mort sont prises par les dirigeants en temps réel, et non par les historiens rétrospectivement. »

Michael B. Oren, *Six Days of War, June 1967, and the Making of the Modern Middle East*[1]

Michael B. Oren

Michael B. Oren est un homme pressé. Avant d'arriver jusqu'à lui, il faut passer par de nombreuses personnes aux fuseaux horaires différents. À chaque message, les réponses sont rapides, efficaces et directes. Sujets, dates, horaires. L'homme court d'un rendez-vous à l'autre. Il a une petite armée de secrétaires, d'assistants personnels qui évaluent l'opportunité que représente la demande d'entretien que vous adressez. Au

1. Michael B. Oren, Random House Publishing Group, coll. « History », juin 2017 (*La guerre des Six-Jours : juin 1967 et la construction du Moyen-Orient contemporain*).

final, il est un peu en retard, mais se montre très disponible et concentré. Ses paroles ne sont pas à prendre à la légère.

Il a servi dans les plus hautes sphères de l'appareil politique israélien. Il a été ambassadeur aux États-Unis de 2009 à 2013, puis député à la Knesset pour le parti de centre droit Koulanou, une formation de centre droit qui prônait la modération sur les questions sociales et le libre-échange pour stimuler la croissance économique. À ses côtés, il y avait notamment Yoav Gallant, le ministre de la Défense qui supervise l'opération « Sabre de fer ».

Sa carrière militaire en tant que parachutiste durant la guerre du Liban en 1982 lui offre une perspective très particulière sur les événements de Gaza. À l'époque, Israël se donne pour objectif de chasser l'OLP du territoire libanais. La mission sera accomplie après un siège très dur imposé à la capitale Beyrouth. Mais le départ d'Arafat et de ses troupes laisse la place à une autre organisation, sans doute plus radicale encore, le Hezbollah, fondée la même année.

C'est surtout à l'historien que nous nous adressons. Michael Oren est l'auteur d'un livre sur la guerre des Six-Jours qui fait référence[2]*, un récit haletant sur une guerre éclair qui, en 1967, bouleversa les équilibres au Proche-Orient. Un conflit, dont l'ancien diplomate est persuadé qu'il structure encore les relations dans cette région et dans lequel toutes les guerres, y compris celle déclenchée le 7 octobre 2023, prennent leur source. Entretien réalisé le 2 novembre 2023.*

2. Michael B. Oren, *Six Days of War, June 1967, and the Making of the Modern Middle East*, Random House Publishing Group, coll. « History », 6 juin 2017.

Ça change tout et à de multiples niveaux. Par où commencer ? D'un point de vue stratégique, c'est la fin de la croyance selon laquelle nos ennemis peuvent être encouragés à être moins ennemis. Je parle ici de mon expérience personnelle, car j'étais dans le gouvernement israélien et une partie du « concept » (comme on dit en hébreu) était que le Hamas avait deux casquettes : une casquette jihadiste et une casquette de gouvernance. Nous pensions que le Hamas pouvait être incité à porter davantage la casquette de la gouvernance en autorisant d'immenses paiements qataris en espèces et en permettant à 20 000 travailleurs palestiniens de Gaza d'entrer en Israël. Tout cela était faux.

Pareillement, nous devons partir du principe que la présence du Hezbollah, dans le Sud-Liban à la frontière avec Israël, représente une menace au moins quinze fois supérieure à celle du Hamas en termes de capacités militaires. Sa présence à nos frontières n'est plus une situation viable. En fin de compte, les rapports avec l'Iran ne sont plus viables.

En ce qui concerne le processus de paix, tout change également. Tout le monde parle de la solution à deux États. S'il doit y avoir un jour une opposition israélienne solide à la solution à deux États, c'est bien maintenant ! Les Israéliens comprennent, à moins que la situation évolue, que le Hamas sera plus populaire après cette guerre qu'il ne l'était auparavant et que toute tentative de créer un État palestinien en Cisjordanie se transformera immédiatement en un État Hamas. Cela nous mettra tous à portée non pas de roquettes, mais de fusils ! C'est une menace existentielle. Donc cela change aussi.

Quant aux relations avec les États-Unis… Après une décennie entière d'isolationnisme, de repli sur soi, l'Amérique est de retour. L'Amérique est déjà engagée militairement au Moyen-Orient, abattant les roquettes qui nous visent depuis le Yémen, ripostant aux milices chiites soutenues par l'Iran. La question est de savoir ce qu'elle compte faire de ce gros bâton que sont ses très gros porte-avions. En anglais, on dit qu'il faut brandir un gros bâton tout en continuant à marcher prudemment. Si l'Amérique apporte ces ressources matérielles, mais avance sur la pointe des pieds et ne les utilise pas, c'est pire. On y verrait un manque de détermination de la part des Américains. Nous savons qu'ils ont une puissance de feu colossale, mais tout l'enjeu ici est le message potentiel que cela envoie à la Russie et à la Chine. C'est un changement radical. Nous sommes deux ans après le retrait d'Afghanistan. Et je pars du principe, et pas seulement moi, que M. Poutine et les Chinois ont bien observé ce retrait. Le 7 octobre a mis en évidence un axe Russie, Chine, Iran et un autre axe États-Unis, Europe et Ukraine.

Le 7 octobre a également levé le voile sur la menace qu'Israël et l'Occident partagent. Il a montré que la bataille entre Israël et le Hamas est une bataille entre la civilisation et quelque chose d'autre. Et les gens qui ont intériorisé cette vérité sont ceux qui se trouvent là où vous êtes, en France. Je pense que le président Macron comprend que si nous perdons cette guerre, il perd. Que la France sera la prochaine victime. C'est pourquoi la France lui a apporté un soutien inhabituel. Pendant des années, l'ambassadeur de France n'a pas voulu me parler. À présent, c'est différent, les gens comprennent qu'ils seront les prochaines cibles. Nous sommes en première ligne, nous sommes la ligne de front.

Il y a un autre changement interne, une rupture presque totale entre le peuple et l'État d'Israël. Vous savez, ce pays a été fondé sur un pacte trois ans après l'Holocauste, selon lequel cela ne se reproduirait plus jamais. L'État protégerait les Juifs des atrocités, J'ai partagé avec Yossi Klein Halevi – l'écrivain très connu, c'est mon meilleur ami – un article paru aujourd'hui dans *The Times of Israël* à propos d'un homme du kibboutz Be'eri, dans le sud du pays. Il raconte qu'il a combattu les terroristes avec quelques personnes, qu'il a finalement été blessé et qu'on l'a exfiltré. Cinq cents soldats attendaient à l'extérieur du kibboutz, mais ils n'y sont pas entrés. J'entends de plus en plus d'histoires de ce genre. Il s'agit là d'une trahison fondamentale de l'État envers le peuple. Et on entend, en ce moment, la même chose dans les rues de Gaza. La terrible vérité est que le Hamas nous a rendu un immense service.

Vous savez, le 6 octobre, Israël était profondément divisé, de toutes les façons possibles. Politiquement, ethniquement, religieusement, géographiquement. Le Hamas nous a rappelé que nous sommes une nation. Le Hamas nous a rappelé qui sont nos ennemis et que nous ne pouvons pas vivre de manière insouciante. Nous ne pouvons pas nous faire d'illusions. Le prix que nous avons payé est horrible, certes, mais grâce au Hamas, notre pays a de meilleures chances de s'en sortir. Toutes ces choses, je les crois, vous savez, farouchement.

Je vais jouer cartes sur table avec vous. La première semaine de cette guerre, j'ai écrit un article pour la presse israélienne. J'y disais que nous nous trompons de combat, que nous devons contenir le Hamas parce qu'il ne va nulle part. Nous avons 360 000 réservistes, nous avons les Américains ici, or nous allons devoir nous occuper du Hezbollah tôt ou tard. Ma grande crainte est que nous nous enlisions à Gaza, que nous manquions de munitions. Et c'est à ce moment-là que le Hezbollah frappera. Et ils sont soumis à une pression énorme pour frapper ! Pensez-y : les sunnites meurent, que font les chiites ? Je ne sais pas comment ils pourront s'en sortir s'ils ne font rien. En ce moment, l'Iran utilise tous ses mandataires pour tirer sur nous, mais en fin de compte, cela ne convainc personne. Et ils ne nous causent pas vraiment de dommages. Ils sont donc soumis à une pression énorme.

Penser que la solution à deux États ou le processus de paix auraient en quelque sorte empêché ce qui s'est passé, c'est ridicule. Combien de personnes sont contre la paix ? Chaque fois que nous essayons de faire la paix… j'ai participé à tous ces efforts, ça ne mène à rien.

Le Hamas nous a bombardés et a tué des Palestiniens aussi. Le Hamas ne veut pas la paix. C'est donc ridicule de penser le contraire. Tout comme c'est faux de dire qu'Israël occupait Gaza. Ce n'était plus le cas. Qu'Israël était responsable de l'eau à Gaza. Ce n'était plus le cas. Qu'il y avait un blocus de Gaza qui empêchait les Gazaouis de manger à leur faim. Ce n'était plus le cas. Le blocus ne concernait que l'équipement militaire. J'étais chargé du blocus. Je sais donc tout cela. Il y a une grande quantité de désinformation qui circule, vous savez, contre nous. Le plus grand mensonge est de dire que nous sommes un État colonial d'apartheid et de colons.

Nous assistons en réalité à la réussite des accords d'Abraham[3]. Les signataires subissent d'immenses pressions, mais ils ont compris que nous sommes leur meilleur espoir de résister à l'extrémisme chiite et à l'extrémisme sunnite. Ils sont pris entre l'Iran chiite et les Frères musulmans. Et nous combattons les deux. La dernière chose qu'ils veulent faire, c'est couper les vivres à Israël. C'est comme en Égypte. Vous avez la paix avec l'Égypte, mais vous n'avez pas la paix avec les Égyptiens. Ils sont constamment nourris d'antisémitisme et des folles théories du complot. L'Égypte et la Jordanie ont résisté à bien des défis. L'Égypte et la Jordanie savent qu'elles ont un intérêt stratégique à maintenir leurs relations avec l'État d'Israël, tout comme avec les pays des accords d'Abraham, qui, eux, ont un intérêt économique. Si demain, Bahreïn rompt ses relations avec nous, ce sera une autre histoire, mais ils ne l'ont pas fait !

Nous avons une coexistence *sui generis* avec les Palestiniens. Avant le 7 octobre, et je pense que c'est encore le cas aujourd'hui, environ 170 000 Palestiniens venaient travailler en Israël chaque jour. Il y avait 20 000 Gazaouis qui venaient travailler chaque jour. Donc, vous savez, une grande partie de nos économies sont liées. Nous travaillons les uns avec les autres, nous vivons les uns à côté des autres. Allez dans n'importe quel centre commercial en Israël,

3. Traités de paix signés à partir de 2020 entre Israël et les Émirats arabes unis, le Bahreïn, le Maroc et le Soudan.

tous les clients des magasins sont palestiniens. Le fait est que tout le monde néglige cet aspect.

D'un autre côté, vous avez une situation où ils sont soumis à différents types de lois. Ils sont soumis à la loi militaire israélienne dans les zones B et C[4], mais en partie à la loi palestinienne, dans les zones A et B. Ce n'est pas l'apartheid, mais ce n'est pas non plus la démocratie, et d'ailleurs le monde ne veut pas que nous ayons une démocratie là-bas, parce que cela signifierait qu'il nous faudrait englober et donc annexer les Palestiniens. Dans tous les cas, nous perdrons. Je pense que la grande majorité des Israéliens comprend que la création d'un État palestinien constituerait une menace existentielle, et que ne pas créer d'État palestinien constitue aussi une menace existentielle. Vous comprenez ? Notre obsession constante pour la solution à deux États nous empêche d'explorer d'autres voies. Elles pourraient être très créatives et conduire non pas à une solution, mais certainement à une bien meilleure voie. Comme, par exemple, les tutelles, les solutions fédérales et les cantonnements. Je pense également que la question de la solution à deux États est sans intérêt parce qu'en réalité il y a déjà deux États. C'est juste que nous n'arrivons pas à déterminer l'étendue de la souveraineté de l'État arabe.

Nous devons viser la paix, mais d'une manière différente. J'ai déjà écrit à ce sujet. J'ai une théorie qui est celle du dépôt à la banque. J'en parlais souvent à Bibi

4. Selon le découpage administratif en Cisjordanie, décidé dans le cadre des accords d'Oslo en 1993. (NDA)

Netanyahou. À partir de 1948, le fait que nous ayons accepté la résolution du plan de partage[5] et que les Arabes ne l'aient pas fait nous a donné de l'argent à la banque, de l'argent diplomatique, il s'agissait d'un acompte. Nous avons montré que nous étions disposés à faire des compromis en faveur de la paix. C'était vrai en 1967, ça ne l'était pas en 1973. Ce n'était pas vrai en 1956 ni en 1978[6]. C'était vrai durant l'intifada parce que nous avions offert une solution à deux États en 2001-2002. C'était vrai lors de la première série de combats avec Gaza en 2008 parce qu'Ehud Olmert[7] avait proposé une solution à deux États. Nous pouvons donc dire au monde que nous avons essayé. Maintenant, nous devons nous battre. Et cela fait des années que je répète à Bibi que notre compte bancaire diplomatique n'est plus vide, mais qu'il est à découvert. Et nous en voyons les effets aujourd'hui.

Le manque d'empathie se traduit par un rétrécissement du temps et de la marge de manœuvre accordés à notre armée. Si nous avions fait un effort considérable pour faire la paix avant cela, même si nous n'avions aucune chance de réussir, on nous aurait accordé plus de temps et d'espace.

Tout ce qui se passe en ce moment est un piège moral. Ce que je crains, c'est ce que j'appelle le syndrome de Kfar

5. Le 29 novembre 1947, le plan de partage de la Palestine est approuvé par le vote de sa résolution 181 à l'ONU. Elle prévoit la partition de la Palestine mandataire en trois entités, avec la création d'un État juif et d'un État arabe (entre Gaza et la Cisjordanie), tandis que la ville de Jérusalem est placée sous contrôle international.
6. 1967 : guerre des Six-Jours. 1973 : guerre du Kippour. 1956 : guerre de Suez. 1978 : guerre israélienne au Liban.
7. Premier ministre à l'époque.

Cana[8]. Deux fois en 1996, lors de l'opération « Raisins de la colère » contre les chiites, contre le Hezbollah, puis en 2006, lors de la deuxième guerre du Liban, dans le même village, Kfar Cana, au Sud-Liban, l'un des obus de nos chars a touché une cible et tué 100 personnes. Cela a tout changé.

Nous avons failli connaître le syndrome de Kfar Cana la nuit de l'explosion de la bombe contre l'hôpital Al-Ahli à Gaza[9]. Nous étions à deux doigts de reproduire cette erreur. Mais cela ne fut pas le cas. À chaque instant, nous sommes à un tir d'obus du syndrome de Kfar Cana. À chaque fois que j'ouvre mon téléphone, je m'attends à voir une erreur du type de celle commise à Kfar Cana. Et cela change les choses. Demandez-vous ce qui se serait passé si nous avions vraiment frappé cet hôpital.

J'ai été soldat pendant longtemps, j'ai été confronté à des situations de combat. Vous êtes un jeune de 18 ou 19 ans avec une mitrailleuse. Vous n'avez pas dormi depuis deux semaines. Les gens vous tirent dessus et vous avez vu vos amis se faire tuer. Il fait sombre. C'est le crépuscule. Vous tirez. Si vous êtes dans un char d'assaut, vous tirez. La probabilité d'un incident devient de plus en plus élevée. Lorsque vous mettez un grand nombre de soldats fatigués, en colère, dans un environnement urbain dense, les chances que cela se produise augmentent de façon exponentielle. Il faut donc être très discipliné et très chanceux. D'autant plus que vous avez affaire à un ennemi qui utilise assidûment

8. En 1996 Israël lance l'opération « Raisins de la colère » contre le Hezbollah en territoire libanais. Le 18 avril, un bombardement israélien fait 106 victimes parmi les civils réfugiés dans un camp à proximité du village de Cana.
9. Le 17 octobre 2023, une explosion sur le parking de l'hôpital Al-Ahli dans la bande de Gaza fait de nombreux morts. L'origine de l'explosion est sujette à controverse.

sa population pour en faire des boucliers humains. Lui, il veut que vous fassiez cette erreur, de vous rendre responsable d'un incident. Vous ne pouvez donc pas tomber dans ce piège. Parfois, nous n'avons pas le choix. Je ne sais pas ce qui se passe actuellement dans le camp de Jabaliya avec ces frappes aériennes. Je sais que pour effectuer ces frappes, ils doivent passer par tout un processus d'approbations, y compris des approbations juridiques. Je suppose donc qu'il existe un certain degré de contrôle. L'armée de l'air ne bombarde pas à tort et à travers. Parfois, elle n'a pas le choix.

Eux se fichent de savoir combien de personnes ils perdent. Nous, si. La seule façon de s'en sortir serait d'éteindre notre système Dôme de fer, d'arrêter les sirènes et de laisser les roquettes tomber en Israël et tuer des milliers d'Israéliens. Nous ne sommes pas prêts à faire cela. L'autre camp l'est. Comme je vous l'ai dit, il y aura un autre Kfar Cana.

Bibi Netanyahou est responsable du 7 octobre. Mais il n'est pas le seul. L'armée est responsable, le Shabak[10], le Mossad, je suis responsable. Cela me pèse énormément. Il y a des milliers de personnes qui portent une responsabilité. Et Bibi, vous savez, c'est lui qui est le plus responsable[11].

---

10. Le Shabak ou Shin Bet est l'agence de contre-espionnage israélienne.

11. Le 29 octobre Benyamin Netanyahou publie un message sur son compte X (ex-Twitter) : « Contrairement aux mensonges qui circulent : en aucune circonstance et à aucun moment le Premier ministre Netanyahu n'a été averti des intentions de guerre du Hamas. »
« Netanyahu critiqué pour avoir reproché l'échec du 7 octobre aux chefs du renseignement », *The Times of Israël*, 29 octobre 2023.
M. Netanyahou a également écrit que « tous les services de sécurité, y compris le chef du renseignement militaire et le chef du Shin Bet, étaient d'avis que le Hamas était dissuadé et voulait parvenir à un accord ».
« Netanyahu supprime son tweet sur la responsabilité des services de sécurité dans le massacre du Hamas », *The Times of Israël*, 29 octobre 2023.

Ce qu'il a fait la semaine dernière est totalement inadmissible. C'est pire que la réforme du système judiciaire. Nous n'avons pas d'autre choix que de gagner. Nous allons donc gagner.

Les Ukrainiens vont peut-être perdre. Mais je pense que les enjeux sont plus importants pour nous, plus élevés. Si l'Ukraine perd, elle fera à nouveau partie de la Russie. C'est le pire des scénarios. Kiev et l'Ukraine redeviendront une province russe. Si nous perdons, nous sommes morts. Et tout le monde le sait. La capitulation n'est pas une option. Personne n'acceptera la capitulation d'Israël. Les Russes accepteront la capitulation de l'Ukraine, sans problème. Ils sortiront Zelensky et le tueront, mais à part ça, l'Ukraine s'en sortira.

Il y a aussi des raisons plus profondes, et là, je dois m'appuyer sur ma propre expérience au cours des cinquante dernières années, ma compréhension historique de ce pays. Je me réfère à la société israélienne, qui est incroyablement résistante. Nous nous relevons de tout. Nous avons failli perdre notre pays lors de la guerre du Kippour. Nous avons failli perdre notre pays lors de la seconde intifada. La seconde intifada a en réalité été pire que la guerre du Kippour. Nous avons failli tout perdre. À chaque fois, nous rebondissons. Je ne connais aucune autre société comme la nôtre. Je nous ai vus faire l'impossible. Par exemple : absorber un million de Juifs soviétiques. Personne ne pensait que nous pouvions le faire. C'était l'équivalent de l'absorption de la France par les États-Unis, en une décennie. Rien n'est évident. Même la création de ce pays trois ans jour pour jour après la fin de l'Holocauste est incroyable. Qui d'autre est capable de cela ? Un Juif sur trois est brûlé vif. Gazé. Nous nous retournons et créons un État. Puis nous menons une guerre, une guerre désespérée. J'ai donc une perspective historique et personnelle qui m'amène à être très optimiste. Cela signifie-t-il que je ne suis pas tourmenté ? Je suis tourmenté. Est-ce que je dors ? Je ne dors pas. Est-ce que je pense que le prix de notre réveil était trop cher payé ? Oui, je le pense. C'est un électrochoc.

La guerre fait voler en éclats la perspective déjà bien fragile de nouvelles élections côté palestinien. À Gaza et en Cisjordanie, toute une génération vit privée de processus électoral depuis dix-huit ans, du fait de la guerre civile larvée entre le Hamas, qui dirige l'enclave, et le Fatah, parti historique qui dirige la Cisjordanie. De ce point de vue, la guerre provoquée par le Hamas peut aussi être considérée comme une manœuvre politique sanglante destinée à reconquérir sa popularité perdue auprès de 5 millions de Palestiniens, dont la majorité vit en Cisjordanie. Un nouveau leader inconnu va-t-il surgir des décombres ? Comment la scène politique palestinienne va-t-elle se reconstituer ?

Nous avons posé ces questions au neveu de Yasser Arafat, Nasser al-Qudwa, ancien ministre des Affaires étrangères de l'Autorité palestinienne, en rupture de ban avec le Fatah, le parti politique créé par Yasser Arafat en 1959. Retiré des affaires, en exil en France, il appelle à un renouvellement de la vie politique palestinienne pour organiser au plus vite l'avenir de la bande de Gaza après la guerre. Un nouveau monde au Moyen-Orient, sans Mahmoud Abbas, avec des forces islamistes modérées, qui seraient mobilisées en vue d'une solution de paix à deux États avec Israël. Un mirage? Entretien réalisé le 9 novembre 2023

Nasser al-Qudwa

À vrai dire, en tant que Palestiniens, nous aspirions à une sorte de revanche, à une sorte d'action qui pourrait nous rendre notre dignité et nous ferait marquer des points contre les Israéliens. Mais le 7 octobre 2023 ne peut être ni toléré ni soutenu. Et cela s'apparente à une sorte de suicide puisqu'il était évident que la réponse d'Israël serait dévastatrice. Toutefois, je ne pensais pas que les Israéliens se sentiraient aussi traumatisés et qu'ils réagiraient de manière aussi sauvage. La guerre ne peut pas être décrite comme une action anti-Hamas. Il s'agit d'une tentative visant à détruire le peuple palestinien et à détruire Gaza en général et, ce faisant, le Hamas. Le peuple, l'homme de la rue, comme d'habitude, paie un lourd tribut. Israël commet toutes sortes d'atrocités, toutes sortes de crimes de guerre.

Israël oblige les Palestiniens, plus d'un million, à quitter leur maison et à devenir des personnes déplacées à l'intérieur de leur propre pays. Cela ne devrait pas être acceptable. Je dois dire que le plan initial d'Israël était bien pire, à savoir faire de ces gens des réfugiés dans le Sinaï égyptien, sans les autoriser à revenir. Ils ont fait pression sur l'Égypte et ont demandé à d'autres pays de faire pression sur l'Égypte. Le plan a échoué en raison du rejet solide, définitif et énergique de l'Égypte. Mais ils n'ont pas abandonné cette idée et l'ont évoquée avec certains pays.

Une partie du peuple palestinien a grandi en croyant aux valeurs promues par l'Occident. Des valeurs telles que la démocratie, les droits de l'homme, l'État de droit. Or, le concept de « deux poids, deux mesures » est évident aujourd'hui. Vous avez, en tant qu'Occidentaux, des règles morales pour tout le monde, pour l'Ukraine notamment, mais vous appliquez d'autres règles pour les Palestiniens. Pourquoi ce soutien aveugle à Israël ?

Israël a le droit de se défendre, mais il doit le faire dans le cadre du droit international. Et vous savez que ce n'est pas le cas. Alors que faites-vous ? Rien. Absolument rien.

Le président Macron a prononcé le mot « cessez-le-feu » après des semaines d'atermoiements. Nous verrons bien. Le chemin sera long. Les Palestiniens souffrent et les jeunes, si vous les interrogez, vous diront qu'ils se sentent seuls. Nous avons été abandonnés par l'ensemble de la prétendue communauté internationale.

Je pense que les conséquences des bombardements sur la nouvelle génération seront immenses, mais je ne crois pas à un renforcement politique du Hamas, de son pouvoir à Gaza. Les gens en ont assez, ils n'en peuvent plus et ils tiendront le Hamas pour responsable de leurs souffrances. Néanmoins, je doute que l'objectif israélien de déraciner le Hamas ou de l'anéantir soit réalisable. Cela n'arrivera pas. Pour des raisons militaires, techniques, et politiques. C'est une idée, une idéologie. Mais ils réussiront à affaiblir le Hamas de façon dramatique. Personnellement, j'appelle à la création d'un « nouveau Hamas ».

Ce serait une organisation qui aurait la même nature religieuse, la même nature nationaliste, mais avec une position politique plus modérée, en tant que parti du mouvement national, en tant que membre de l'Organisation de libération de la Palestine. C'est la voie à suivre, car si nous ne le faisons pas, nous les pousserons tout simplement à la clandestinité. Ce serait une erreur fatale. Ils appartiennent à la société palestinienne et nous devons les traiter comme tels, en nous souvenant de ce qui s'est passé et en tenant tout le monde pour responsable des événements qui se sont produits.

Les membres du Hamas qui vivent en exil ne feront pas nécessairement partie du « nouveau Hamas ». Il faut un nouveau leadership. La présence d'une direction politique palestinienne acceptable facilitera le dialogue et le débat avec le « nouveau Hamas ». Cela dépendra aussi de la retenue des Israéliens. En effet, certains d'entre eux parlent maintenant de rester à Gaza après la fin des hostilités jusqu'aux prochaines élections israéliennes, qui verront les partis israéliens s'affronter sur l'avenir de Gaza. Qu'est-ce que c'est que ce non-sens ? Qu'est-ce que c'est que cette absurdité ? Personne au monde ne soutient cela, mais les Israéliens ne se soucient pas de la communauté internationale.

Le Fatah, le parti dirigé par Mahmoud Abbas, lui, n'est plus en position de négocier quoi que ce soit. Ce type est assis là depuis dix-huit ans sans avoir recours à des élections. Il approche des 90 ans. Il fait ce qu'il veut, contrôle tout au sein du Fatah et de l'Autorité palestinienne et, franchement, il est responsable des catastrophes qui ont été infligées au peuple palestinien, y compris la scission qui a conduit à la situation actuelle. Il a l'argent, il a les armes, et bien sûr il contrôle les salaires et les retraites des Palestiniens. Les gens ont peur.

Sous Yasser Arafat, bien sûr, tout cela était interdit et nous nous sentions en sécurité, d'une certaine manière, pour exprimer nos opinions, pour argumenter et pour nous opposer. Aujourd'hui, personne ne le fait plus, comme dans certains régimes arabes totalitaires.

Les Israéliens disent souvent qu'ils n'ont pas d'interlocuteurs pour faire la paix. Comme le dit un dicton palestinien, le constat est juste, mais l'intention est mauvaise. Les Israéliens disent : « Nous ne reconnaissons pas l'existence du peuple palestinien et ses droits naturels. Tout est à nous, c'est la terre biblique. » Ils veulent donc récupérer même Gaza. Ils sont malades ! Il faut être malade pour convoiter ce petit endroit qui est la zone la plus densément peuplée du monde. Et ces gens veulent la récupérer sans habitants !

Dire qu'il n'y a personne avec qui négocier est une absurdité. D'ailleurs, qui a maintenu le Hamas en place ? M. Netanyahou ! Même pendant les guerres précédentes, la politique était d'attaquer Gaza, d'attaquer les civils et de maintenir le Hamas en place. Le coup d'État de 2007 organisé par le Hamas contre le Fatah aurait-il pu se produire sans l'approbation d'Israël ? Ces gens étaient à 10 kilomètres de là, qu'ont-ils fait ? Ils n'ont rien fait. Le maintien de la division est donc dans l'intérêt stratégique d'Israël, et c'était la tactique de M. Netanyahou. « Maintenir la division, maintenir le siège hermétique, de cette façon nous garderons le Hamas sous contrôle et nous échapperons à toute négociation significative sur une solution politique sérieuse. »

Pour ce qui est de l'Autorité palestinienne, ma position initiale était qu'Abbas devait partir. Mais compte tenu de la gravité de la situation, nous sommes prêts à accepter la mise en place d'un gouvernement partie intégrante de l'Autorité, mais sans qu'Abbas ait de pouvoir direct sur le gouvernement. Il pourrait rester et profiter de ses avantages, de son avion et de son argent, jusqu'à ce qu'il y ait des élections. Mais le gouvernement doit alors être indépendant et intégrer des gens de Gaza pour être accepté par la rue et gérer la tâche très lourde, énorme, que ce soit à Gaza ou en Cisjordanie, d'unifier le territoire palestinien. Lorsque cela se produira, il sera beaucoup plus facile de traiter avec les autres forces politiques, y compris, bien sûr, le « nouveau Hamas » et le « nouveau Fatah », qui doivent faire partie du gouvernement.

On peut se demander si ce projet est compatible avec tous les traumatismes de la guerre actuelle. Quand vous êtes un enfant et que vous voyez toute votre famille mourir, vous êtes perdu pendant un certain temps. Le traumatisme que cela provoque dépasse l'entendement. Je crois aussi que les habitants de Gaza aspirent à la vie. Ils veulent mener une vie normale et peut-être que si nous faisons notre travail correctement, ils pourront surmonter ce traumatisme. Mais si nous ne faisons rien, sans parler de la présence des forces israéliennes, il n'y a aucun doute que ces jeunes commenceront à tirer sur les Israéliens.

Si j'étais un jeune Palestinien, je voterais contre la solution à deux États. Pourquoi ? Parce que dans mon esprit, elle est liée à l'échec du soi-disant processus de paix. Des négociations sans fin qui n'ont abouti à rien ! Par contre, je crois aux droits nationaux palestiniens, à l'État national palestinien, au droit du peuple palestinien à l'autodétermination et à l'indépendance, et 99,9 % de ces jeunes aussi.

Pour ma part, je ne vois pas d'autre solution que l'idée, le concept de division de la terre en deux États.

Et franchement, ceux qui avancent d'autres solutions, y compris le soi-disant État unique, délirent. Car l'État unique exige la victoire absolue d'un camp sur l'autre. Si Israël est victorieux, il y aura un grand Israël, un État juif où ils garderont certains Palestiniens comme serviteurs ou comme esclaves. Sans égalité de droits ! Ce serait de la folie ! Il faut donc diviser la terre en deux États où le peuple palestinien peut exercer son droit à l'autodétermination et à l'indépendance nationale. Je pense que les Israéliens sont des gens intelligents et qu'ils parviendront aux bonnes conclusions, peut-être pas immédiatement, mais plus tard.

Leurs alliés, les amis de l'État d'Israël, devraient les conseiller de manière honnête sur ce qui se passe aujourd'hui et sur l'avenir, la nécessité d'une solution politique. Je n'appellerai pas à relancer le processus de paix parce que nous ne voulons pas revivre ces vingt années d'échec. Je parlerais plutôt d'un cadre définissant l'issue, le résultat final dès le départ, avec un engagement officiel des deux parties.

Avant cela, des tâches très difficiles nous attendent, notamment la situation actuelle à Gaza, la nécessité d'un retrait total d'Israël, la construction du « nouveau Hamas ». Nous devons faire savoir que nous nous dirigeons dans cette direction, sinon, nous commettrons à nouveau une erreur fatale. Si nous ne saisissons pas les opportunités cette fois-ci, je crains qu'elles ne se représentent plus avant un certain temps. Ce sera sanglant et douloureux pendant longtemps.

Moi, je suis le neveu de Yasser Arafat. Quand il était vivant, c'était ennuyeux parce qu'on avait l'impression qu'il y avait beaucoup de népotisme chez les Palestiniens. Je n'aimais pas ça et j'étais dans la révolte, très critique. Après sa mort, j'ai commencé à me rendre compte que je m'étais peut-être trompé. Peut-être qu'il avait raison et que nous avions tort. Peut-être qu'il était un leader unique compte tenu des circonstances dans lesquelles nous vivions. Franchement aujourd'hui, je me suis rendu compte à quel point Arafat était un bon dirigeant.

Certains Palestiniens pensent que, comme Yasser Arafat, quelques membres du Hamas pourraient devenir des politiciens reconnus par la suite. Je pense que c'est une erreur, car ces personnes n'ont pas connu l'OLP, l'Organisation de libération de la Palestine. On ne peut pas comparer ce qui s'est passé à l'époque avec ce qui se passe aujourd'hui pour une raison simple. La différence majeure, c'est que l'OLP était tout. Il n'y avait pas de concurrent. Elle bénéficiait du soutien de 90 % du peuple palestinien. Aujourd'hui, le Hamas est une tendance, et probablement une minorité, qui a détourné le système à son profit à Gaza. Ce n'est pas du tout la même chose.

Nickolay Mladenov

Nickolay Mladenov est l'un des rares diplomates à connaître personnellement autant de responsables de haut rang du Hamas. Il les a fréquentés, leur a serré la main durant cinq ans en tant que coordonnateur spécial des Nations unies dans le cadre du processus de paix au Moyen-Orient (2015-2020) afin de négocier des accords de cessez-le-feu à chaque regain de tension. Performance rare, sa médiation a été saluée par les Israéliens comme par les Palestiniens. Il n'avait pourtant pas hésité à défier Tsahal en 2018 en lui intimant l'ordre de « ne plus tirer sur les enfants » de Gaza. Son travail n'aura pas suffi, mais ce diplomate bulgare, posé et sûr de lui, réfute la thèse d'une communauté internationale impuissante et dépassée par la situation. Entretien réalisé le 6 novembre 2023.

Le 7 octobre, j'étais avec des amis qui venaient de Jérusalem et qui devaient prendre leur avion de retour à 6 heures du matin. Ils ont donc reçu les premières alertes en embarquant et nous ont informés. Quand j'ai vu que les kibboutz étaient attaqués, j'ai commencé à passer plusieurs appels à des responsables israéliens et j'ai compris que c'était bien pire que ce qu'on voyait dans les médias. Bien pire. Nous n'avons pas dormi la nuit suivante avec mon épouse. On suivait les informations tout le temps. On prenait des nouvelles de nos amis palestiniens et israéliens. Parmi ces derniers, beaucoup avaient des enfants, des proches, des amis dans le Sud, tués ou disparus. L'horreur des images de ce jour a fait aussi écho aux crimes dont j'ai été témoin en Irak lorsque j'y étais le représentant spécial des Nations unies de 2013 à 2015.

D'abord, je ne pouvais pas croire à la stupidité et à l'inconscience de ces actes. Je me suis demandé pourquoi les responsables du Hamas ont été aussi stupides, connaissant les répercussions terribles non seulement sur leur organisation, mais aussi sur les civils de Gaza. Ils savent qu'il est impossible d'éviter cet engrenage horrible. Bien sûr dans un deuxième temps, j'ai été choqué par la rapidité avec laquelle les positions militaires israéliennes ont cédé le 7 octobre. Quand on connaît l'étendue de la sécurité au poste-frontière d'Erez, en voyant ce lieu détruit et la barrière de séparation abattue, on se demande comment les Israéliens ont pu laisser cela arriver. Où sont leurs renseignements ? Où est leur préparation militaire ?

Malheureusement, il est devenu très clair pour moi qu'une résolution diplomatique à ce conflit est fortement compromise. Pour les Israéliens, ce n'est pas seulement une attaque terroriste, c'est un massacre qui résonnera sur plusieurs générations, qui rappelle les pogroms en Russie au cours du XIXe siècle, la mort donnée au hasard et la brutalité absolue. Il n'est pas facile de se remettre de ce genre de traumatisme. Vous ne reprenez pas vos esprits, vous êtes guidé par la colère, vous devenez très agressif, vous cherchez à vous venger de ces atrocités. Je parle quasiment tous les jours avec les gens que je connais sur place, les mots qu'ils utilisent sont différents aujourd'hui. Cela signifie que les choses ne seront plus jamais les mêmes.

Parmi ceux que j'ai rencontrés à de nombreuses reprises, il y a Ismaïl Haniyeh, le chef du bureau politique du Hamas[12]. Il a présenté intelligemment ses objectifs politiques au monde extérieur. C'est un excellent orateur. Il a su analyser et comprendre les différences entre les acteurs, ceux avec lesquels il travaille et ceux avec lesquels il joue au Moyen-Orient. Et il se sent obligé d'avoir des résultats envers son peuple. Je crois vraiment que si la situation à Gaza avait évolué positivement ces dernières années, le risque d'un événement comme le 7 octobre aurait été significativement réduit.

Je ne pense pas avoir été manipulé par Ismaïl Haniyeh durant mon mandat. Je pense que nous avons au contraire empêché cette escalade qui couvait depuis longtemps.

Quand nous avons mis au point notre plan, en 2016-2018, nous avions trois objectifs, humanitaire,

12. Ismaïl Haniyeh a quitté la bande de Gaza et vit en exil au Qatar depuis 2020.

sécuritaire et politique, permettant de reprendre les discussions avec les leaders palestiniens. D'un point de vue sécuritaire, l'escalade a été contenue pour un certain temps. Nous avons réussi à créer 30 000 emplois temporaires à Gaza et nous avons commencé quelques projets. Mais cela n'a jamais été consolidé. Et la composante politique s'est complètement effondrée. Ismaïl Haniyeh, lui, devait montrer à ses concitoyens et au reste du monde qu'il obtenait des résultats. Évoluant dans une organisation avec une branche militaire très forte et secrète, il vivait probablement dans la menace permanente d'être renversé. Les autres ont sans doute dit : « Écoutez, votre stratégie d'engagement politique n'apporte pas de résultats, notre stratégie est meilleure. Parce que chaque fois que nous menaçons militairement, nous obtenons des concessions. »

Nous n'avons jamais été en position d'avoir des renseignements sur la branche militaire du Hamas. Nous n'avons même jamais rencontré ses commandants militaires. Mais je sais qu'il y avait des gens différents avec des stratégies très différentes pour l'avenir. Et je pense que durant mon mandat, ceux qui croyaient en une issue positive pour les citoyens de Gaza ont été majoritaires. Ils pensaient qu'une sorte d'accord aboutirait à une levée des restrictions économiques sur Gaza.

Par la suite, Gaza n'a plus intéressé. Depuis mon départ en 2020, plus personne ne parle de Gaza. L'équilibre fragile a toujours été fragile, et le Hamas utilise la menace de la violence pour obtenir des concessions. Si on regarde les événements un an et demi avant le 7 octobre 2023, il y avait des tensions en Cisjordanie, à Jérusalem, le jihad islamique tirait des roquettes depuis Gaza. Et pourtant, le

Hamas, lui, est toujours resté calme! C'est sans doute injuste de dire cela a posteriori, mais je suppose que les responsables auraient dû se demander pourquoi tout était aussi calme.

Il ne faut jamais perdre de vue que vous négociez avec une organisation qui a la capacité militaire d'infliger des actes de terreur horribles et que vous devez vous occuper de Gaza tout le temps. Vous ne pouvez pas juste penser que tout va bien parce qu'il y a 20 000 permis de travail pour les Gazaouis en Israël ou quelques projets en place. En 2016-2018, lorsque j'y travaillais, nous avons vu cette capacité de nuisance augmenter. Cette menace est toujours là. Donc, d'une certaine façon, elle n'a pas été gérée.

L'argent débloqué à chaque fois qu'on a négocié un cessez-le-feu arrivait principalement via les Nations unies. Les Qataris, les Norvégiens et d'autres pays ont aidé les Nations unies à faire leur travail à travers différents programmes à Gaza. Il y a également eu des accords bilatéraux pour offrir directement de l'argent à Gaza, sans l'intervention de l'ONU[13]. Je m'y suis fermement opposé, car les Nations unies doivent être en position de contrôler les projets qui sont mis en place.

Je vous donne un exemple: quand nous avons créé 30 000 emplois temporaires à Gaza, cela a été fait par des

13. De 2012 à 2018, le Qatar a versé l'équivalent d'un milliard de dollars à la bande de Gaza pour payer les fonctionnaires, acheter de l'essence et aider la population. En 2018, 12 % des sommes en liquide auraient été captées par le Hamas. (Article *Haaretz*: « Avec l'accord d'Israël, le Qatar verse 1 milliard de dollars à Gaza depuis 2012 », 10 février 2019). Depuis 2018 le Qatar fournit 30 millions de dollars par mois à Gaza afin de payer les salaires des fonctionnaires, en liquide jusqu'en 2021, puis sous forme d'essence revendue à Gaza (Dépêche *The Associated Press*: « Le Qatar paye les salaires publics en envoyant de l'essence à Gaza », 30 novembre 2021). Le rapport du département d'État américain de 2020 estime, lui, à 100 millions de dollars par an le financement du Hamas par l'Iran.

agences humaines et les acteurs du projet ont tous été contrôlés et validés.

Je suis certain qu'aucun centime débloqué par la communauté internationale n'est allé à l'aile militaire du Hamas. Nous étions sous le contrôle du GRM, le Mécanisme de reconstruction de Gaza, mis en place après la guerre de 2014. Lorsque j'ai quitté mes fonctions, ce mécanisme fonctionnait bien. Donc, à ma connaissance, le travail des Nations unies était très clair : soutenir la population de Gaza, et non une quelconque activité militaire.

L'ONU dépense 1,5 milliard d'euros chaque année en faveur des réfugiés palestiniens via son agence l'UNRWA. C'est une nécessité humanitaire. Si nous ne le faisons pas, qui le fera ? Au final, cela ne résout pas le problème, car le problème a besoin d'une solution politique. Il n'y a pas de processus politique ! Nous l'avons dit mille et une fois : ce processus dépend des acteurs locaux, israéliens et palestiniens. Combien de fois avons-nous essayé de nous réengager, que ce soit via le Quartet ou d'autres structures ? Combien de fois avons-nous essayé d'encourager la réconciliation palestinienne ? On ne peut pas le faire de l'extérieur. Il faut que ce soit fait de l'intérieur.

Certes, je ne nie pas avoir des regrets sur l'action menée durant mon mandat. Je pense qu'on aurait dû œuvrer plus fortement pour le dialogue interne palestinien et le retour du gouvernement de Ramallah à Gaza. C'est mon plus grand regret. Nous n'avons pas pu obtenir le levier nécessaire pour un semblant d'unité à Gaza. Sans gouvernement palestinien qui fonctionne à Gaza, vous laissez les habitants isolés, seuls avec le Hamas. Mon autre regret concerne les concessions que nous aurions pu obtenir dans les domaines de l'économie et du travail. Cela aurait dû être poussé encore plus, car il faut des emplois pour les Gazaouis.

Certains pensent que ce nouveau conflit porte un coup fatal à la normalisation des relations entre Israël et les pays arabes (avec les accords d'Abraham), qui a commencé lorsque j'étais en poste. Je pense au contraire que cette normalisation se poursuit et qu'elle ne signifie pas un changement de position sur le conflit israélo-palestinien. Les Émirats arabes unis, Bahreïn et le Maroc, bien sûr, parlent très clairement de la situation actuelle à Gaza. Ils sont aussi les premiers à envoyer de l'aide à la population. Les premiers camions qui sont entrés venaient d'Égypte, en coopération avec le Croissant-Rouge et les Émirats.

Tel est le rôle que les pays arabes pourraient jouer à l'avenir dans un processus qui doit conduire, je le crois encore, à une solution à deux États. C'est très difficile de le dire maintenant, à cause du trauma en Israël et à Gaza, mais finalement je pense qu'un point devient évident : il faut une séparation entre les Israéliens et les Palestiniens. La seule façon de faire cela consiste à avoir deux États, qui garantissent la sécurité à chacun des deux peuples.

Évidemment, avec des organisations comme le Hamas, qui sont capables de commettre de telles atrocités, ce débat n'est pas possible. Les Palestiniens ont un besoin désespéré d'une alternative. Abandonnés, les gens vont se radicaliser.

Il est trop tôt pour dire quelle est la solution d'avenir pour Gaza, mais il faut y penser évidemment. On ne peut pas attendre que l'Autorité palestinienne arrive à l'arrière d'un tank israélien et prenne le contrôle de la bande de Gaza.

J'entends beaucoup de gens dire : « C'est comme à Mossoul, cela a pris neuf mois pour nettoyer Mossoul, etc. » Mais c'est une mauvaise comparaison, car en Irak vous aviez une coalition internationale qui soutenait un gouvernement légitime à Bagdad, capable de développer des structures civiles pour assurer la stabilité après les combats. C'est un contexte très différent.

Ce sera donc une tâche beaucoup plus difficile. Malgré tout, je pense que le premier objectif doit être de sauver et de protéger des vies innocentes à Gaza, de renforcer le leadership palestinien à Ramallah et de construire une autorité transitionnelle à Gaza, qui prendrait le contrôle des questions civiles et sécuritaires pour les transmettre ensuite à un leadership palestinien légitime.

Enfin, en ce qui concerne les otages israéliens, ce que nous voyons maintenant va au-delà de la tragédie humaine. L'ONU a déjà été impliquée par le passé dans le transfert de corps d'otages à Gaza. Ces efforts étaient très difficiles et n'ont pas abouti.

Pour moi, c'est la question la plus épineuse, mais la plus importante. Si vous voulez reconstruire une paix, il faut que nombre d'otages soient sauvés. J'espère qu'ils le seront tous. Si cela n'arrive pas, ça rendra infiniment plus difficile tout engagement politique dans le futur.

Benoît Christal

Je me suis installé à Jérusalem en septembre 2015. L'« Intifada des couteaux » venait de commencer. De jeunes adolescents palestiniens de Jérusalem-est et de Cisjordanie prenaient une arme blanche le matin dans la cuisine familiale et, sans dire un mot à leurs parents, partaient poignarder un soldat ou un citoyen israélien au hasard des rues, au lieu de se rendre à l'école. Ils étaient très vite abattus ou interpellés. Tous affirmaient agir pour défendre les lieux saints de l'islam.

Bien que sans craindre pour ma vie, je commençais à me demander quelle aventure périlleuse attendait ma famille qui devait me rejoindre quatre mois plus tard. Fraîchement arrivé, mon premier contact avec la résistance palestinienne fut étrange. Je me rendis à une cérémonie de condoléances d'une famille en Cisjordanie, dont le fils de 15 ans venait d'être tué après avoir tenté d'assassiner un soldat israélien. À l'entrée de la rue, des sympathisants du Hamas faisaient le pied de grue, mais personne ne leur parlait. Ils étaient là comme des vautours. Dès notre arrivée, je fus accueilli chaleureusement par la famille. « Merci d'être là. Les Français, on sait que vous nous comprenez. » Tous m'accompagnaient, la main sur l'épaule et me guidaient. J'assistais à un drame intime et j'avais aussi, en tant que journaliste, un rôle à jouer dans sa mise en image politique ; mais les appels à la révolte et la glorification du martyre sonnaient faux. « On ne comprend pas », me disaient à voix basse les hommes qui me menaient jusqu'au salon où se trouvait la mère endeuillée. Je tendis mon micro. Scrutée par tous ces hommes qui l'entouraient, elle tint d'abord un discours officiel, d'une voix blanche, sans conviction : « Ma douleur est immense, mais je suis fière de lui. C'est un martyr. » Puis elle changea soudain de ton : « Pourquoi mon fils est-il mort en martyr ? Pourquoi ? Pourquoi nous ? » Son regard posé sur tous les hommes présents, lourd de reproche, semblait dire : « À quel théâtre macabre jouons-nous en ce moment ? » Sa détresse n'avait rien à voir avec la caricature que les Israéliens véhiculent volontiers en citant la phrase de Golda Meir : « La paix viendra quand les Arabes aimeront plus leurs enfants qu'ils ne nous haïssent. » Ce n'est pas du tout ce que j'ai vu ce jour-là. Le Palestinien avec qui je travaillais, lui, était ébranlé. Dès qu'il posa sa caméra, il appela son fils pour le supplier de ne pas sortir et de ne pas participer au soulèvement. Je me souviens encore de ses mots : « Ça ne sert à rien ! La violence a toujours fait reculer notre cause. Ce n'est pas comme ça qu'on y arrivera. »

Puis soudain, tout s'est calmé. L'Intifada des couteaux s'est éteinte. Ma famille m'a rejoint à Jérusalem et a pu y vivre paisiblement durant plus de trois ans. La perspective a alors changé. Le monde a changé. Les terroristes de Daech ont déversé leur haine sur la France et sur la Mésopotamie. Parmi les victimes du Bataclan, il y avait l'un de mes anciens camarades de l'école de journalisme,

Guillaume Barreau-Decherf. Sa mort brutale m'a secoué, comme toute notre promotion. Mon travail au Moyen-Orient a changé aussi. Je devais parcourir l'Irak, la Syrie et la Turquie pour tenter d'expliquer les ressorts de ce nouveau jihadisme mondial. Voyager, filmer, enquêter. J'étais épuisé par ce travail, à bout moralement, face aux scènes atroces auxquelles j'assistais. L'un de mes meilleurs amis et collègues de l'époque, l'Irakien Bakhtyiar Haddad, a été tué par Daech. J'ai failli mourir lors de l'explosion d'une mine artisanale près de ma voiture. Mais lorsque je rentrais à Jérusalem, en retrouvant ma famille, tout me semblait si calme et si paisible comparé aux terrains de guerre ! Il y avait certes des roquettes tirées depuis Gaza, mais elles ne touchaient que le sud d'Israël, sans faire de victimes, et l'armée israélienne se contentait de répliques modérées. Tout le monde semblait s'en accommoder. En quatre ans de vie à Jérusalem, je n'ai jamais connu une seule alerte aux roquettes. Un jour, une amie palestinienne m'a confié : « Les réfugiés palestiniens n'intéressent plus personne. Face au malheur des Syriens, notre cause est oubliée. Nous sommes devenus des réfugiés de luxe. » Seul le journaliste franco-israélien Charles Enderlin jouait son rôle de vigie et ne cessait de m'alerter sur les dérives de la colonisation israélienne et sur la dangereuse illusion de la fin du conflit. Lorsqu'il rendait public ces mises en garde, il recevait des menaces de mort de jeunes Franco-Israéliens extrémistes.

Puis en 2018, la « Marche du retour » a commencé. Il s'agissait d'un mouvement de la jeunesse de Gaza qui voulait faire valoir ses droits sur les terres perdues en 1948. De jeunes adolescents qui n'avaient connu que le blocus durant toute leur vie prenaient d'assaut la frontière entre Israël et Gaza sans armes ni matériel. Je les ai accompagnés en reportage durant deux jours et ne me suis jamais senti autant en danger qu'à ce moment-là, face aux snipers de l'armée israélienne, qui se trouvaient à moins de cent mètres de nous. Un massacre, 58 morts en un jour. Les Palestiniens partaient le sourire aux lèvres, comme soulagés d'oublier leur vie d'enfermement et de frustrations. C'était du suicide. Une folie, soutenue et entretenue par le Hamas. Les soldats israéliens tiraient aussi dans les genoux et le père de mon ami traducteur, un photographe de l'AFP, a été grièvement blessé. Nous l'avons cherché toute une journée dans les hôpitaux. C'était un massacre, sale, dangereux et très vicieux politiquement. Pour calmer le jeu, Israël autorisait des avions qataris à se poser afin de faire transiter de l'argent liquide vers la bande de Gaza. Une valise contenant 15 millions de dollars a même été prise en photographie à l'arrière d'une voiture sur le bord de mer en novembre 2018. Il fallait être aveugle pour ne pas voir que le Hamas profitait à plein de cette situation. Avec le recul, cette Marche du retour fut le moyen pour le Hamas de fourbir ses armes contre Israël et l'acte annonciateur du 7 octobre 2023.

Avant de quitter Israël en 2019, je pris une dernière fois la mesure du gouffre d'incompréhension qui se creusait entre les deux peuples. Lors d'une promenade à Lifta, un village palestinien abandonné situé à l'entrée de Jérusalem, je fis la connaissance d'un couple de Franco-Israéliens juifs orthodoxes. Lorsque je leur demandai ce qu'ils disaient à leurs enfants sur l'origine de ce lieu, leur réponse me laissa sans voix : « Les Palestiniens ? Les enfants ne savent pas qui ils sont. Nous n'en parlons jamais. »

Cinq and plus tard, en octobre 2023, après le pogrom, ce n'est plus le même pays que je retrouve. À peine débarqué, ma première mission consiste à interviewer la famille d'une jeune Franco-Israélienne disparue dans le désert du Néguev. Son mari me reçoit, les yeux rougis de fatigue. Il ne dort plus depuis 48 heures et tient dans ses bras un bébé, leur fille qui n'est âgée que 8 mois. « Aidez-moi, je vous en supplie. Je ne sais pas où est ma femme. Le gouvernement israélien ne me dit rien. Est-ce que la France peut intervenir pour savoir si elle fait partie des otages ? » Il pleure sans cesse, il faut le soutenir, c'est très douloureux. Cette interview est un mince espoir pour lui d'enclencher un processus de négociation si jamais son épouse est vivante. Partout sur les murs de son appartement, je vois les photographies du jeune couple qui rayonne de bonheur après la naissance du nouveau-né. Son épouse s'était simplement levée tôt, un samedi matin, pour aller danser dans le désert durant quelques heures. Elle sera retrouvée morte dix jours plus tard. J'ai ensuite parlé très souvent avec un ami à Gaza et chaque fois que je raccroche, je ne peux m'empêcher de me demander s'il sera encore vivant le lendemain. C'est pour ces personnes que j'ai décidé d'écrire ce livre, dans l'espoir que nous sortions du piège des caricatures et des généralisations sur le conflit. La majorité des victimes sont des civils , comme vous et moi.

Gallagher Fenwick

La guerre est perdue. Le résultat est une indiscutable défaite stratégique. De part et d'autre, les civils en paient et continueront longtemps encore d'en payer le prix le plus élevé. Le spectre d'une paix juste et durable paraît plus évanescent que jamais. Le Hamas n'a pas disparu, loin de là. La force israélienne est présente partout, entre le Jourdain et la Méditerranée.

Les noms de Yahya Sinwar et Mohammed Deif, qui se sont fait connaître du grand public en étant respectivement chef du bureau politique du Hamas à Gaza et commandant de la branche armée du parti islamiste, sont sur toutes les lèvres dans la région qui les a vus naître. Les deux sont devenus des mythes dont la survie est désormais garantie pour des générations de Palestiniens à venir. L'étendard du Hamas est apparu dans des localités de Cisjordanie où il n'avait plus été vu depuis des années. Le parti islamiste a remis la question palestinienne à l'agenda des nations et réussi à se poser en interlocuteur incontournable, mobilisant par moments l'attention des dirigeants des grandes puissances du monde. Ses chefs n'avaient sans doute pas anticipé un tel niveau de disproportion dans la réponse israélienne. Mais ils avaient patiemment préparé un terrain miné, au sens moral du terme, pour l'armée de l'État hébreu. Un piège dont l'efficacité reposait entièrement sur des moyens rudimentaires et des émotions primaires. Le papier et la colère. Faire circuler ses instructions oralement ou dans des carnets, inscrites au crayon pour déjouer les systèmes d'écoute et d'observation ultrasophistiqués mis au point par la nation start-up. Choisir des modes d'action qui utilisent la force de l'adversaire pour la retourner contre lui. Le principe est vieux comme l'art de la guerre. L'objectif est de la gagner sans la faire. Cela nécessite de déplacer la confrontation sur un champ de bataille d'une autre nature.

Les moyens du « technosolutionnisme » militaire ont conforté les officiers israéliens dans leur sentiment de toute-puissance. Le danger de ce confort est qu'il mène à une forme d'assoupissement et, pire encore, à un manque d'imagination. La matière grise libérée par les machines, qui ont pris en charge toutes sortes de tâches, aurait pu être mise à profit pour imaginer le pire en provenance de Gaza et s'y préparer afin de l'empêcher, mais Israël regardait ailleurs et au-delà. Incapable de faire la paix avec ses voisins d'en face, l'appareil politique de l'État hébreu s'affairait à normaliser ses relations avec ses voisins lointains. Les accords d'Abraham étaient pensés comme une manœuvre de contournement de la question palestinienne. Cette dernière devait être résolue par une simple transaction. Ce peuple qui n'était pas consulté devait accepter de troquer sa dignité pour des dollars, beaucoup d'argent en échange de quoi, selon le plan, il renoncerait à son autodétermination. Pendant ce temps-là, les hommes et les femmes en uniforme aux couleurs de l'État hébreu se reposaient, profitaient de la vie tandis que les machines travaillaient. Jamais ils n'avaient disposé d'autant de moyens modernes leur donnant accès à des quantités industrielles d'informations. Des sommes colossales de détails que l'intelligence artificielle permettait d'agréger et de traiter en temps quasi réel. Gaza leur semblait presque familière. Plus une ruelle, plus un recoin de ce petit bout de territoire ne leur échappait. Chaque visage avait un nom et une adresse. La technologie permet de voir, mais c'est à l'humain de comprendre et d'interpréter correctement. Elle peut finir par aveugler celles et ceux qui s'en servent mal ou trop. Elle trahit parfois ses utilisateurs et ainsi dessert la mission première, ici la sécurité d'un pays et de son peuple. Des pans entiers de la fourmilière semblent avoir échappé à la vigilance du renseignement israélien. Gaza la transparente cachait-elle un immense trou noir ? À l'inverse, tout était là, devant les yeux chargés de la surveiller. Les discours des dirigeants du Hamas étaient tenus en public, les entraînements et préparations des factions palestiniennes de Gaza se faisaient souvent à ciel ouvert. Certains étaient même filmés pour des vidéos de propagande publiées en ligne. Voir mais refuser de croire est une décision politique. Le mur de protection entre l'enclave et Israël était pensé comme une vitre blindée. Israël pouvait observer toute une population tenue à bonne distance et dont elle se sentait protégée. C'est une erreur majeure de tenir son ennemi à distance. On finit par ne plus le connaître ou le comprendre… C'est alors plus simple pour lui de nous surprendre. La distance mêlée à la rancœur facilite le processus de déshumanisation de l'autre qui ne devient plus qu'une lointaine coquille vide sur laquelle on appose des étiquettes, des mots-valises, vides de sens. Une fois lézardée et brisée, la grande vitre blindée est devenue un miroir fêlé dans lequel les responsables de l'État hébreu doivent désormais se regarder. Ils y voient l'image de leur échec, mais aussi des sommes d'informations qu'ils n'ont pas su ou voulu prendre en compte. Dans ce fatras de données, il est question de mauvais choix, de mépris, de méprise, de divisions et de trahisons. Ces dernières années, Benyamin Netanyahou avait choisi de nouer une alliance objective avec des hommes dont les visages se dessinent progressivement, presque en palimpseste, derrière tout cela. Il y a ceux de son gouvernement et ceux du Hamas. Il ne voit que ces derniers quand il scrute l'enclave palestinienne. Eux aussi le regardent, certains depuis longtemps. Deux faces d'une même radicalité et qui se font face.

Durant plus de deux décennies de détention dans les geôles israéliennes, Yahya Sinwar n'a pas perdu une seule minute. Il a appris la langue de son ennemi et, au travers de ce à quoi il a pu avoir accès, a étudié ses émotions, ses obsessions, son histoire et ses peurs. Le jour d'une libération inespérée, qu'il a lui-même orchestrée depuis sa cellule – dans le cadre de l'échange du soldat Gilad Shalit, retenu pendant cinq ans à Gaza, contre 1 027 prisonniers sortis des prisons de l'État hébreu –, Yahya Sinwar a juré de faire libérer toutes celles et ceux qu'il laissait derrière lui. Cette étape n'était pas la première d'un plan qu'il avait commencé à échafauder et à dérouler derrière les barreaux. Il a commencé par flouer les spécialistes de la division carcérale du renseignement israélien qui étaient chargés de son observation. Ses derniers avaient bien noté son charisme et l'immense influence qu'il exerçait sur la communauté des prisonniers. Un phénomène d'emprise sur les détenus palestiniens, rendu possible par la peur qu'inspiraient son intransigeance, sa discipline, mais aussi la mort qu'il avait donnée à plusieurs de ses compatriotes accusés d'avoir collaboré avec Israël. Les gardiens israéliens le croyaient sans doute usé, fatigué[1]. En réalité, l'enfermement, l'isolement et les privations ne l'ont pas assagi. Bien au contraire. La presse rapporte qu'avant de sortir de prison, il lui fut demandé de signer un document pour certifier qu'il renonçait à toute activité terroriste[2]. Malgré la menace de voir sa libération annulée en cas de refus, Yahya Sinwar déclina l'offre de poser son nom sur un document purement symbolique. Ultime bravade en guise de défiance avant sa sortie ou manifestation d'une inflexibilité doctrinale ? Ici encore, il s'agissait de voir et de croire pour empêcher. La suite du plan servait à faire croire qu'il n'aspirait plus qu'à une forme de construction d'un périmètre purement palestinien après séparation complète et nette avec l'État hébreu. Pour crédibiliser la thèse d'un homme prêt à se contenter de la lutte politique, il se fait élire à la tête du Hamas quelques années plus tard… et dans la foulée approuve le ripolinage de la charte originelle du parti islamiste. Sous son autorité, le Hamas se tient même à l'écart durant certains des épisodes brutaux entre Gaza et Israël. Ce fut le cas à l'été 2022. Certains y voyaient le signe d'un parti davantage intéressé par les questions de gouvernance que de résistance, avec à sa tête des hommes en recherche d'une certaine notabilisation. En réalité, en

1. "The Hamas Leader Who Studied Israel's Psyche – and Is Betting His Life on What He Learned", Rory Jones, *The Wall Street Journal*, 10 décembre 2023.
2. « Pourquoi Yahya Sinwar, l'inflexible chef du Hamas, est le maître du jeu à Gaza », Jean-Philippe Rémy & Hélène Sallon, *Le Monde/International*, 27 novembre 2023.

coulisse, la branche armée du Hamas préparait une tuerie sans précédent dans l'histoire de l'État hébreu.

L'événement sanglant provoqua à son tour une riposte israélienne infligeant un niveau de destruction inégalé dans l'histoire contemporaine de Gaza. Le total des pertes civiles palestiniennes est lui aussi d'une ampleur historique. Personne n'y a été épargné par l'acier qu'Israël a fait pleuvoir sur la totalité de la bande côtière, une punition collective dont l'enclave ne se remettra pas avant longtemps. Cette souffrance des civils palestiniens faisait-elle partie du plan du Hamas ? La réponse du porte-parole du Hamas laisse peu de doutes à ce sujet : « Nous devons donner une leçon à Israël, et nous le ferons encore et encore. Le "Déluge d'Al-Aqsa[3]" n'est que la première fois, et il y en aura une deuxième, une troisième, une quatrième, parce que nous avons la détermination, la résolution, et les capacités de combattre. Devrons-nous payer un prix ? Oui, et nous sommes prêts à le payer. Nous sommes appelés une nation de martyrs, et nous sommes fiers de sacrifier des martyrs[4]. » N'ayant aucune chance de l'emporter dans un affrontement militaire au sens conventionnel, le Hamas a cherché à déplacer la guerre sur le terrain de l'opinion et de l'émotion. C'est là qu'il utilise ses armes les plus puissantes dans son arsenal : la souffrance de sa population et celle des familles des otages. La première sert à isoler Israël et ses alliés sur la scène internationale. La deuxième permet de diviser les rangs

3. Le « Déluge d'Al-Aqsa » : nom de l'offensive déclenchée par le Hamas le 7 octobre. (NDA)

4. « Israël n'a pas sa place sur notre terre : qui est Ghadi Hamad, la "voix du Hamas" depuis le massacre du 7 octobre » ?, Clémence Martin, *Libération*, 3 novembre 2023.

de l'ennemi. La diffusion des déclarations martiales d'Abou Obeïda, le porte-parole des brigades Ezzedine Al-Qassam, la branche armée du Hamas, a été un autre élément central dans la stratégie du parti islamiste. Un homme dont on ne connaissait que la voix. Son visage masqué derrière le keffieh rouge était censé incarner l'idée d'un combattant insaisissable, un fantôme qui parlait comme un prédicateur, entremêlant les louanges à Dieu et les chiffres des pertes de l'ennemi, comme pour installer l'idée d'une guerre divine. Sur le terrain de la guerre classique, le parti islamiste misait sur la foi de ses hommes. Il instillait en eux l'idée qu'une mort en martyr aux mains de l'ennemi était le plus noble des sorts qu'ils pouvaient espérer.

Mais qui gagne ? Et quoi ? Quels sont les critères de la victoire ? L'armée israélienne a certainement tué de nombreux combattants palestiniens, mais a-t-elle affaibli l'idée qui animait la plupart d'entre eux, a-t-elle asséché le terreau de l'islamisme ou l'a-t-elle, au contraire, arrosé pour les années à venir ? Cette idéologie se nourrit généralement du ressentiment de populations plongées dans une humiliante indigence. La démarche islamiste est d'abord celle de la charité proposée à des damnés avant que ne leur soit présentée une lecture du monde et de l'avenir qui se résume ainsi : l'islam est la solution. Si la force seule ne constitue pas l'antidote face à ce poison, quel excipient faut-il lui adjoindre ? Comment concurrencer une idée aussi puissante que celle de l'islamisme radical ? Peut-être en proposant une idée plus attrayante. La justice ici-bas plutôt que celle de l'au-delà. L'espoir plutôt que l'espérance. Des jeunes Palestiniens s'imaginent en effet qu'il est plus simple d'atteindre le paradis que le bout de la rue[5]. Il faut rendre la vie en Cisjordanie, à Jérusalem-est et à Gaza plus désirable que la mort. Pour qu'Israël puisse renouer avec la première de ses promesses à l'endroit des Juifs, celle de la sécurité, elle n'a pas une infinité de manières d'y parvenir. Les murs peuvent être brisés, et contournés. La force seule ne ramènera pas non plus la sécurité, même quand elle est appliquée avec vigueur et de manière constante. Il est des champs de bataille où la puissance militaire écrasante devient inefficace et ne permet plus d'abriter ceux qui avancent derrière elle. Le ministre du Gouvernement d'urgence Gadi Eisenkot en a fait l'amère expérience juste avant Hanouka, la Fête des bougies, en 2023. Son fils, le sergent-chef Gal Meir Eisenkot, a été tué par un engin explosif disposé à l'entrée d'un tunnel dans le nord de Gaza, selon l'armée israélienne. Gadi Eisenkot se trouve être celui qui a participé à l'élaboration de la doctrine dite « Dahyé[6] ». Celle-ci théorise le rétablissement de la dissuasion au travers d'un usage disproportionné de la force contre des zones civiles soupçonnées d'être utilisées pour lancer des attaques contre Israël. Clairement à l'œuvre dans Gaza sous la forme d'un tapis de bombardements indiscriminés, elle a tardé à produire les effets escomptés et n'a pas empêché des pertes importantes dans les rangs de l'armée israélienne.

Les quelque 7 millions de Palestiniens qui vivent entre la Méditerranée et le Jourdain ne partiront pas

5. « It's Easier to Reach Heaven than the End of the Street: A Jerusalem Memoir », Emma Williams, *Olive Branch Press*, 2010.
6. « Israël et le Hezbollah, des ennemis de trente ans », Benjamin Barthes, *Le Monde/Proche-Orient*, 20 décembre 2015.

d'eux-mêmes[7]. La dernière option est donc politique et pleine de douloureux compromis sans la garantie de lendemains pacifiques. Il s'agira cette fois de croire, avant de voir. La responsabilité de la communauté internationale est aussi évidente qu'accablante dans la tragédie au Proche-Orient. Sa réhabilitation est loin d'être acquise aux yeux de deux belligérants qui ont en commun de se méfier d'elle. Impuissante aux yeux des Palestiniens, indigne de confiance et partiale aux yeux des Israéliens. L'ONU ou d'autres intermédiaires de bonne foi doivent aider ces deux peuples à divorcer[8]. Il faudra leur proposer des garanties concrètes de sécurité et ne plus les laisser seuls, face à face. Israéliens et Palestiniens ont également un immense défi qu'ils doivent relever chacun. Ils vont devoir purger la radicalité qui prévaut dans leurs sociétés respectives. Le 7 octobre 2023 et dans les semaines qui suivirent, ces radicalités nimbées d'un messianisme religieux ont prouvé qu'elles ne croient en rien si ce n'est en la violence au service de la destruction d'un autre que l'on a préalablement déshumanisé. Chacune de ces deux sociétés va devoir choisir entre deux voies. L'une d'elles est la poursuite du statu quo, l'autre nécessitera de faire émerger des dirigeants capables de réhumaniser l'ennemi. C'est la première étape pour bâtir le respect et la confiance qui seront nécessaires pour mettre fin au cycle de la violence.

7. « How Many Arabs Live Between the Jordan River and the Sea ? A Mystery No One Wants to Solve », Michael Milshtein, *Haaretz*, 16 septembre 2022.
8. Amos Oz, *Aidez-nous à divorcer ! – Israël Palestine : deux États maintenant*, Gallimard, 2004.

Table

PAPIER CERTIFIÉ

Achevé d'imprimer par ROTATIVAS DE ESTELLA,
en décembre 2023,
N° d'imprimeur : XXXX
Dépôt légal : janvier 2024

Imprimé en Espagne